U0148470

觀者與影像符碼

詮釋跨媒介符號意義之系列研究

蘇佩萱 著

藝 術 叢 刊

文史哲出版社印行

國家圖書館出版品預行編目資料

觀者與影像符碼：詮釋跨媒介符號意義之系
列研究 / 蘇佩萱著. -- 初版 -- 臺北市：
文史哲，民 102.02
　　　頁；　公分（文史哲學集成；636）
　　ISBN 978-986-314-090-0 (平裝)

　　1.影像文化 2.符號學

987.01　　　　　　　　　　102003513

藝　術　叢　刊　20

觀者與影像符碼
詮釋跨媒介符號意義之系列研究

著　　　者：蘇　　　佩　　　萱
出　版　者：文　史　哲　出　版　社
　　　　　　http://www.lapen.com.tw
　　　　　　e-mail：lapen@ms74.hinet.net
登記證字號：行政院新聞局版臺業字五三三七號
發　行　人：彭　　　正　　　雄
發　行　所：文　史　哲　出　版　社
印　刷　者：文　史　哲　出　版　社
臺北市羅斯福路一段七十二巷四號
郵政劃撥帳號：一六一八〇一七五
電話886-2-23511028・傳真886-2-23965656

實價新臺幣四二〇元

中華民國一〇二年（2013）二月初版

觀者與影像符碼

詮釋跨媒介符號意義之系列研究

Viewers and Codes of Images:
A Series of Semiotic Study and the Cross-media Interpretation

目　錄

圖目錄

表目錄

導論

導論

一、研究背景與理論範疇

　　1990 年後西方學界興起視覺文化研究，其中後設詮釋圖像象徵寓意與文化符碼轉義等觀點，對當代藝術和文化傳播領域之發展具有相當的影響性，其與後現代主義論述人們如何解構一個世代的主流意識型態，反省隱藏其中的「文化」被挪用拼湊、被消費等諸問題相關，亦成為當代設計研究之新興發展趨勢。作者基於過去跨人文學院、傳播學院、視覺藝術學院的學術訓練，與前期在博物館工作之因緣，近年來後續以探討「影像意符」為立基點，在學界進行跨媒介符號意義詮釋之系列研究時，自然地從解讀視覺文化符碼的觀點加以理解影像文本，並剖析相應的影像藝術創作思維，祈使能在設計教學領域上引進新的研究觀點，或能因而提出新的

論點。作者自認，在參與建構一個多元視野的臺灣設計研究與評論的場域中，這樣的專業養成之歷程是不可缺少的。

反思當代影像藝術實踐 (the images and art practices) 之「存在」（包括作品本身、創作者的意圖及背後意識型態的影響）不能構成其「有」的全部條件，二十世紀末在大眾文化與傳播研究領域中執牛耳的英國伯明罕中心領導人霍爾 (Stuart Hall)，在 *Representation: Cultural representations and signifying practices* 此著作中，即提出還需要加上觀者在其文化背景上閱讀的「意義」(Hall, 1997)。近年來作者嘗試從文化符碼形構的角度切入影像設計研究，進而思考如何建構視覺文化脈絡意義 (cultural context) 的可能方式，藉而參與一個逐漸為大眾所接受的文化符碼化的生產歷程，進行語意的再創造，亦是前述看法的一種實踐。

如何觀看與詮釋影像符碼意義，參閱 Jessica Evans 和 Stuart Hall 在 1999 年編輯初版後多次再印的《視覺文化：論讀者》(*Visual culture: the reader*) (2004)，將西方論壇在二十世紀中葉幾篇重要論文加以節選要義翻譯，寫入本書中引薦臺灣讀者參考，計有：羅蘭・巴特〈影像修辭學〉(Rhetoric of the image, 1964) 和〈今日迷思〉(Myth today, 1973)、華特・班雅明〈機械複製時代的藝術作品〉(The work of art in the age of mechanical reproduction, 1936)、蘇珊・桑塔格〈影像世界〉(The image-world, 1978)、路易斯・阿圖塞〈意識型態和意識型態類的陳述機制〉(Ideology and ideological state apparatuses (notes towards an investigation), 1969)。 除

此之外，再彙整後現代主義、解構主義之重要論點，如布希亞的擬像論、德希達的延異說、葛蘭西的霸權理論和阿圖塞的召喚理論等，其如何重新對當代藝術評論與設計創作研究產生影響，在本書中亦散見在案例的討論中，進行穿針引線式的說明。

此外，史特肯 (Marita Sturken) 和卡萊特 (Lisa Cartwright) 綜述歐美跨二十一世紀視覺文化與傳播現象之研究，其 2001 年由牛津大學出版社初版，2005 年再版的 *Practices of looking: An introduction to visual culture* 英文著作 [1]，從 2005 年後即陸續引述其中重要論點，成為作者在國內各大學研究所講堂中講述視覺文化與符號設計等課程，交叉論述時的重要參考，已歷時八年。在本書中論及**後現代的觀看策略：「擬像」、「延異」、「挪用」**的討論，亦在本書中論及流行文化之觀看實踐相關章節裡，引薦其重要論點，討論觀者如何商榷影像中的意涵與詮釋影像的意義。

二、研究目的、問題與範圍

在上述的理論基礎範疇上，思考如何以解讀視覺符碼的方式來辨識影像作品的意涵，是將觀影經驗轉向成為一種語碼的檢視，建立創作者、文本與觀看者之間溝通的一套語言

1　在本書寫作論述過程中，已參照由臉譜出版、城邦文化發行，國內學者陳儒修審訂、陳品秀翻譯本：《觀看的實踐：給所有影像世代的視覺文化導論》(2009 年初版)，將本書中使用的關鍵詞部分修正，盡可能為中文讀者統一中文語詞使用方式。

系統。據此目的，書寫形成本書中第一至三章，回顧二十世紀六〇年代後法國論壇之討論，以**符號學源流：索緒爾、羅蘭・巴特論文本與影像、梅茲論電影符號語言**等，為本書論述的主軸之一，成為理解書中後半部份—**符碼釋義的跨域實踐**—當代案例系列研究之方法學與背景知識基礎。

另從文化符碼形構的角度切入影像設計研究，形成為本書的其他論述，進而思考觀者面對「意識型態」的問題與被消費之中的「文化」問題時，如何建構消費符號的視覺文化脈絡意義 (cultural context)，使大眾參與一種文化符碼化的生產歷程，進行語意的再創造。

據此立場，試提問：有沒有一種可能，將設計作品（如攝影圖片、海報設計、影片、多媒體影像）中的影像表現（包括圖像的形式分析、美學的詮釋、視覺風格的演繹與內容象徵）和其他媒介文本呈現一種對話關係？此外，憑藉跨媒介解讀時需轉換思考點之不同，當代的影像藝術和設計研究可否轉向將詩詞、小說等文學作品內的文字視覺化，再創作，形成具有強烈視覺意義的文本？在此企圖引導觀者開發出新的觀察點，希望在跨媒介間產生意符共鳴共振的效果，呈現一種新的視覺文化的閱讀策略，而非純文學意義的再詮釋，在視覺符碼分析、意義詮釋與視覺閱讀策略間，銜接國際思維，豐富臺灣影像設計研究的內涵。

此外，在本書中展現出作者回到亞洲後多年實地觀察與思索的方式，援用符號學解讀視覺文化現象，並詮釋影像文本，在這一個大方向下進行一種「創造性的探索」，重視展

現學術研究中「學術創意」的能量，建立評析影像之論述架構，和建構影像意符之創作模式。書中除延續視覺文化相關研究議題，進行後續更深入的研究，衍生新的論點，以析論影像語意蕈組織結構，闡釋影像語言之涵義；此外，加入新的議題，從當代文創設計和流行文化範疇中擇選解讀的影像文本，討論跨媒介的符號意指現象。以茲累聚的研究成果分列為**導論**，**影像符號論**：符號學源流索緒爾、羅蘭・巴特論文本與影像、梅茲論電影符號語言、霍爾論讀者解碼、後現代的觀看策略，**符碼釋義的跨域實踐**：「班尼頓」(BENETTON) 的創意廣告語意、迷思與歷史文本解讀、東方意象的文創符號、紀實性的審美符號，**結論**：符號之後設解讀、符號意指的相互主觀性、符號之歧義解讀，共九章、十一個部份（圖導 -1）。

書中前半段**影像符號論**（第一章至第五章）綜論理論基礎，後半段**符碼釋義的跨域實踐**（第六章至第九章），為理論與實務的相互映證，將幾個重要案例之探討，梳理形成一致的思考、研究與寫作的傾向，在特定選題上逐漸顯形、結晶，最後構成書寫《觀者與影像符碼：詮釋跨媒介符號意義之系列研究》此書風格的歸趨。

三、研究方法與研究限制

此詮釋跨媒介符號意義之系列研究，針對「觀者與影像符碼」之論題，綜合採用質性研究法中個案研究法 (Case

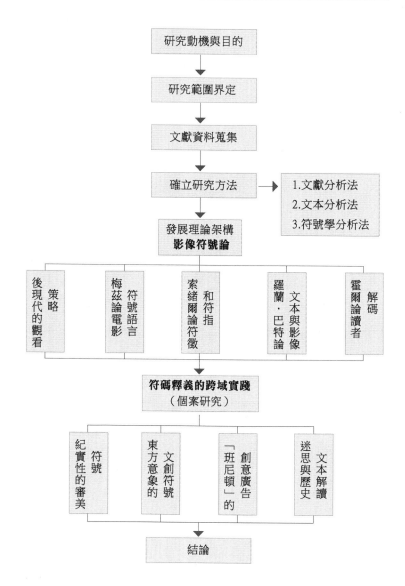

圖導 -1：**觀者與影像符碼**研究架構圖

Study)，配合歷史文獻分析、文本分析法，探討影像符號論述的歷史發展脈絡與應用於影像藝術與設計之發展現況。所謂「個案研究法」，指對特別的個人、團體、社群或某一特定事件，採行各種方法蒐集完整的資料，然後對單一的個人、事件或社會單位等，研究問題的前因後果或諸多因素之間做深入的剖析（董皇志，2007）。個案研究法適合運用在本研究這般屬探索性、詮釋性的研究論題上，基本目的在於發現回應研究問題的可能面向[2]。

再者，由於個案研究是「個別」案例的探討，因此相關資料蒐集時，並無一定的排序順序，研究者因此需要投入大量精神去蒐集資料、瞭解、衡量事實，進行分析，據以呈現現象，並將研究結論提供給他人作為此事件之「客觀了解」的參考（張紹勳，2001）。於是，在執行個案研究過程中，以不同的符號學分析方法 (research method)、資料 (resources)、分析者 (analyst) 之間進行交叉驗證，整理歸納研究成果（Patton, 1990；吳芝儀、李奉儒 譯，1995），強化研究結果的信度，並據以提出研究結論。茲將本書中採用的研究方法說明如下：

---

2 張紹勳 (2001) 論述個案研究法適合於：整彙分析目前尚在探討階段的問題；在自然的環境中，從事現象事物的探究；使用多種的資料收集方式，例如問卷調查、訪談、文獻資料、參與觀察紀錄等；分析單位可以是一個（單一個案）或者是多個（多個案）實體，例如人、組織、事件等；研究結果沒有標準的定義與變數的操控或實驗設計的限制；個案研究比較適合研究為什麼 (why) 與如何做 (how) 的問題，並且可以作為未來相關研究的基礎。

（一）文獻分析法 (historical approach)

這是一種運用歷史資料，按照歷史發展演變的順序對過去論點和事件進行研究的方法。在本書前半部份**影像符號論**中先進行中外文獻探討 (literature review)，將本研究領域範圍內重要的文獻、史料與研究成果作一回顧檢閱，旨在確定過去事件和論點，綜括證明其確實性，形成結論。其主要目的在於了解過去、洞察現在、預測將來（陳思聰，2007）。

（二）文本分析法 (textual analysis)

「文本分析」是詮釋現象將之論述說明的一種形式，是研究意義建構的一種過程 (Su, 2003)。分析影像文本時，不限定於某種印刷形式存在的書籍、專文作品本身，同時包含了如何詮釋研究事物及社會現象的過程，並且對所包含的相關事件深入探索分析。研究者建立論述時，往往會受到社會環境、文化因素等影響，所以研究除了解事物表象意涵，同時包含了理解社會脈絡意義之相關層面（陳雍正，2007）。本研究蒐集相關文本資料包括有：論影像符號意義之書籍、期刊文章、網站資料、影像記錄、影片、多媒體設計等，將它們如何和觀者對應，據以分析探討。

（三）符號學分析法 (semiotic analysis)

這是本書分析個案時主要運用的研究方法，表示將「符號學式的研究」(the Semiotics' study) 或「符號學式的詮釋」(the Semiotics' interpretation)，導入當代視覺傳

播與影像設計應用領域，以解讀影像作品構成語意、語法結構及語用情境，並討論其間產生的溝通效能，和觀者釋義時可能產生的文化差異性。在此書中，以索緒爾語言符號學的基本架構為主軸，佐以羅蘭‧巴特、梅茲、布希亞、德希達、霍爾、史特肯等學者的論述方式和觀點為參考，依不同個案案例特性，擇選兩種或多種論述方式，交叉驗證符號現象，產生多義的論點。尤其，在探索不同時代觀者對符號的理解和如何賦予涵義上，發現符號寓意具有本質性意義的不變性和跨世代族群的可變性、衍生性、系統性 (Saussure,1974)，以及不同文化的差異性；據此，提出一種符號現象之多元的詮釋。

本研究資料收集包括文史典籍、檔案紀錄、實地觀察的內容。就資料來源而言，它並非是經由控制或設計過的量化分析工具中產生，而是著重從行動中研究的角度，依據觀者觀察、參與的過程事件，所獲得到的知識、技術或一種經歷事件的經驗為研究主軸，來觀察研究對象指陳的符號現象，詮釋其意義。因而，產生一種 Pink 所指稱更具觀者個人感受的豐富性、具「高感性」(high concept) 與「高體會」(high touch) 的創新思考模式與研究方式（查修傑 譯，2006）。因此，本研究運用個案研究法，所產生的論點主要來自於資料的歸納和分析；研究的發現是將具有複雜交互關係的變數綜合後，加以描述現況，闡釋現象和建構論點。理論與實例之參照關係詳見圖導 -2。

　　為在臺灣設計學界建立論述影像的方法架構，已將焦點
集中在觀看中解構文本，轉換成視覺影像符碼，並在文化和
符號的關係脈絡上進行延伸性影像創作（含攝影、影片和平
面設計等）之評論。

　　作者將個人所觀察認知的符號現象、所研究的後現代理
論思想和影像符號理論加以研考整理，集結成此一專著，如
果本書有些許的創意與貢獻，要歸功於所有海內外的師長和
前輩友人們的支持與教導，因而加深了本書內涵之深度，在
此謹表由衷的謝意。作者才疏學淺，所知有限，謬誤之處在
所難免，而許多尚未成熟的見解則反應作者學術成長的軌
跡，尚請方家及讀者不吝指正。

　　本書以解讀影像符號象徵意義之研究方法論作主軸，各
章中重要論點雖分別於 2005-2012 年間逐漸思考中形成，但
已在撰寫本書的寫作過程中盡量統一關鍵用語、擴充討論內
容，彙整成**影像符號論**。另外，**符碼釋義的跨域實踐**這一部
份，反映出作者將近年來觀察符號現象之個案研討內容在撰
寫過程中作一些調整，以便整合作者較後來的想法，可說是
一種修正，試圖在書中做更好、更細緻的整合與梳理。再者，
透過近年所發表的相關影像創作與評論文章中所確立的研究
方法，祈有助於觀者檢視其他影像工作者創作的成果，導入
一種觀者再詮釋的動作。

二十世紀上半葉

二十世紀 60 — 80 年代

90 年代—迄今

第一章　符號學源流：索緒爾

第四章　霍爾論讀者解碼

第二章　文本與影像　羅蘭‧巴特論

第三章　符號語言　梅茲論電影

第五章　後現代的觀看策略：「擬像」、「延異」、「挪用」

第七章　文本解讀　迷思與歷史

第六章　創意廣告語意「班尼頓」的

第八章　文創符號　東方意象的

第九章　符號　紀實性的審美

圖導 -2：影像符號論與影像研究之關係圖

　　譬如，本書第八章即針對榮獲 2006 年美國博物館協會
(AAM) 之推廣宣傳「繆司獎」[3]（金牌獎）之臺北國立故宮
博物院的形象廣告影片（國立故宮博物院官網，2011d），
從這個跨領域與跨文本的指標性作品中，思考其中的文字、
圖像、影像元素（造形、色彩、線條、構圖、主題）被賦予
符號化的象徵意義時，符碼元素不再被鎖定於作品之內，也
不僅只為闡釋原初北宋黃庭堅〈花氣薰人詩〉書帖創作的內
在目的而服務。因著符號意義的賦予，視覺元素同時也納入
一個轉化的過程，轉化為本質性的元素進行文化的建構，在
當代國立故宮博物院創新「文化化」(culturalization) 的過程
中呈現特殊的「視覺轉義」(visual trope)[4]：

> 藝術成為一套可溝通的意義體系，它既有內部的邏輯
> 運作，又不封閉自我而獨立於其他社會文本之間，因
> 此圖像元素的詮釋呈現多層次的意涵。一個符號的指
> 涉，在特定社會條件下不斷地被挪用、轉化，並與其
> 他媒介產生共鳴。
>
> （廖新田，2008，頁 18）

3　2006 年第 17 屆美國博物館協會（AAM）主辦推廣宣傳競賽，總計收
　　到來自北美洲、澳洲、歐洲、亞洲等地 108 個參賽作品，競賽項目主要
　　是針對博物館界所設計研發或製作出來的多媒體產物，如影片、數
　　位影音光碟、唯讀光碟、網頁、語音導覽、及展區設置等進行評選（國
　　立故宮博物院官網，2011a）。

4　廖新田（2008），《臺灣美術四論》，頁 14。

　　因此，本書特別指出視覺作品可解讀的面向是多元分歧的，從純美學的價值、表面或形式的分析，將過渡到如何交雜著多元文化脈絡意義，以跨媒介、跨文化挪用的概念，進行視覺符碼的象徵意義的解讀之上。西方學者 Toren (1991) 觀察斐濟人從挪用達文西的名畫 [最後的晚餐](1484) 中得到不同的體驗與表現，認為文化的挪用深藏內部主體意識的建構與意義的重新界定，絕非西方中心主義之僵化的推論；無獨有偶的，墨西哥壁畫藝術家荷西‧安東尼歐‧布奇亞加 (Jose Antonio Burciaga, 1940-1996) 在 1986-1989 年間挪用達文西 [最後的晚餐] 此作中畫面構成形式，重製成巨幅壁畫 [奇卡諾英雄們最後的晚餐](The last dinner of Chicano Heros) （圖導 -3），將耶穌與十二門徒轉化為奇卡諾 (Chicano)[5] 獨立運動中的英雄人物，轉喻為宣示族群主體性的象徵，提升墨西哥裔美國人對自身之文化與政治意識型態之認同 (Sturken & Cartwright, 2005)。因此，臺北國立故宮博物院形象廣告影片中的視覺轉義，亦非中華文化中國中心主義之文化傳播，可說明中國詩詞語意的挪用過程中充滿臺灣影像創作者文化主體性的意義。

5　指墨西哥裔美國人。

圖導 -3：墨西哥壁畫藝術家布奇亞加作品示意圖
（張怡荃製圖，參考資料來源：布奇亞加 [奇卡諾英
雄們最後的晚餐]，1986-89）

四、小結：影像符號釋義

　　二十世紀末，劍橋大學出版的專書：*The subjects of art history—Historical objects in contemporary perspective* (1998) 收錄 Mieke Bal 一篇論文 'Seeing signs-The use of Semiotics for the understanding of visual Art.' 指出：

符號學乃是一種符號與符號使用的理論。它是一個觀
點，用以檢視視覺作品的相關過程；它是一套概念
工具，提供對作品的細部分析；最後，它是一個告誡
（caution），提醒從事藝術研究時避免過度的現實主
義、意圖主義與過時的歷史偏見。最重要的，它解
放了領域間的藩籬，符號系統的分析架構可連結文
字、聲音、圖像、象徵等，而沒有位階高低之虞。
（廖新田，2008，頁 166）

　　此觀點影響本書各章節中對藝術與設計案例的討論，將
各種視覺表現還原為基本的語意元素，並展現其在視覺意義
上可能的共通性。原本被鎖定在文學論述範圍內的詩歌、詞
文、小說，以及被鎖定在哲學或宗教論述範圍內的偈語和經
文，將因此方法論觀點而被「釋放」出來，與同時存在的視
覺傳播媒介（如影像圖片、海報、影片等）產生對話的狀況，
共同形成一種特殊時空結構下的「影像文本」，一種與其影
像內容內涵義相應的意符結構，並轉換為更廣泛的文化意義
之探討，讓臺灣影像設計研究走向一種更開放的系統，與文
字意符共振，成為語言般的溝通系統，與時遞變。
　　當代影像藝術確實存在著一種將影像符碼轉換成文化表
徵的機制，呈現出視覺文化的意義。這種現象是一種視覺再
現的挪用 (appropriation)，反映出後現代性如何作用於視覺
美學化的過程。所謂的「後現代性」，本身就夾雜著各種不
同的複雜因素，深受多元異質文化的衝擊下，作品所含帶的

文化意義勢必隱微複雜[6]。尤其作者審視臺灣現代設計的發展歷程中，文化的多雜特性本是不可忽略的，因而外來文化中東洋之日本殖民文化、西洋歐美現代與當代思潮等，皆為必須納入於思考臺灣視覺設計養成環境的影響因素（楊夏蕙，1981；賴建都，2002；林品章，2003 & 2011；林榮泰、王銘顯，2008；姚村雄、孫祖玉，2011）。在多元文化面向(the multi-cultural approach)下思考，作者在臺灣對影像藝術的研究即不是地區性的研究，而是將在地視野銜接全球化(globalization)與文創設計相關之一環（林榮泰、林伯賢，2009；林榮泰，2011）。因此，設計具有一種主體建構的意義，使影像設計者以一個具有自主性的思維架構，在中華文化、外來文化與本土文化維度中編造一個整合的、尚在不斷變動中的臺灣視覺設計文化，與國際之時代性接軌。

綜觀本書對當代臺灣視覺設計、影像媒體設計作品加以引介，援用符號學式之解讀，對作品的分析不再僅止於個別的、個案式的細節描述，而是具有關係性的考量，為一個概念類型的創造與詮釋應用。藉由符號的跨文本與轉化特性發展成詮釋視覺文化的模式，說明可藉文化挪用手法將意義釋放，並與其他視覺媒介對話，增進詮釋的多元性；此間運用像解構語法般的形式分析產出外延義的討論，其與符號之內涵義分析互相補充，使影像的符號解讀具創發性的審美意

---

6 廖新田 (2008) 論當代後殖民主義中的文化認同，其探討的核心議題以「混雜性」(hybridity) 為重點，提出在了解臺灣藝術現代化的歷程中，文化的多雜特性是不可忽略、必須納入思考的因素。

義。這是一種藉保持一定的人文批判精神，讓作品自身成為一個觀看與思維的平臺而非創作意義的終結，形成作品的開放性論述；這樣的體驗過程讓本書讀者（亦是觀者）切換多重角色，身為思考的主體（為跨媒介、跨文本語意的詮釋者），與被觀察的客體（原始文本和再創作作品本身）處於動態的關係，提供新的分析角度與原來的論述對話，以期激盪出可能更貼切的詮釋，賦予藝術與設計創新的發展空間。

影像符號論

　　「符號學」是源於歐美哲學領域中「語言符號學」[1]的學科，在歐洲大陸、以英文稱謂作 "the Semiology"；其以美語稱謂為 "the Semiotics"，表示「符號學式的研究」(semiotic study) 或「符號學式的詮釋」(semiotic interpretation)，將形容詞彙加上 "s" 即成為具名詞屬性的「學科」。符號學是一種研究符號的學問，是將人為的社會文化現象轉化為符號的過程，並探討隱藏在其背後之「意義」的一門學科，也是探討顯於符號表面的「形」，與隱藏於符號背後「意義」之間的學問（陳俊宏、楊東民，2004）。

1　「語言符號學」下分語用學 (the pragmatics)、語意學 (the semantics)、語法學 (the syntactics)，三領域的討論；研究範圍涵括屬於哲學學科領域內的語言學、語言學內的貫時性與共時性語言學，以及非口語語言學，諸如身體語言、圖像語言跟其他語言方式等部分，皆與符號學式的研究有所關聯（何秀煌，2003；楊裕富，2002）。

　　現代研究符號學源流最常被提及的學者有二位：一是
二十世紀初瑞士語言學泰斗索緒爾 (Ferdinand de Saussure,
1857-1913) 及其教學講稿《普通語言學教程》(Course on
general linguistics)；另一位是美國的哲學家兼邏輯學家皮
爾斯 (Charles Sanders Peirce, 1839-1914)，他將符號分成圖
像 (icon)、指示 (index) 和象徵 (symbol) 三類（王國強 譯，
2006；陳俊宏、楊東民，2004）。本書論述影像符號之方法
和觀點，及相關應用領域的討論，是依循歐洲索緒爾之源流，
梳理各重要學派論點形成的，包含：從索緒爾論述語言符號
學之基本架構，到二十世紀六〇年代起法國論壇羅蘭・巴
特的擴充論、梅茲的電影符號分析，繼而二十世紀末英國霍
爾提出解讀傳播訊息之解碼論，至二十一世紀將符號學運用
在視覺文化領域上的討論，以下將要義分章敘述之。

第一章　符號學源流：
索緒爾

第一章　符號學源流：索緒爾

西元二十世紀初瑞士語言學泰斗索緒爾 (Ferdinand de Saussure，1857-1913) 對語言研究的革命性貢獻 [1]，在於從貫時性語言學之研究基礎中，另提出共時性語言學之研究，加以強調在哲學領域中討論語言系統之結構性。二十世紀時，屬於哲學學科領域的語言學，發展出貫時性的語言學、語音學、語位學、共時性的語言學、以及非自然語言之研究（李幼蒸，1997）。「貫時性的語言學」，指由「時間縱軸」觀看人類族群語言的發展，所以貫時性的比較研究傾向分析過去跟現在之間的差異；「共時性語言學」，是由「時間橫軸」作為觀看基準，從時間橫軸觀看一個世代語言使用的表現。

1　此指瑞士語言學泰斗索緒爾的教學講稿；由學生弟子 Charles Bally 及 Albert Sechehaye 於 1916 年將索緒爾課堂講義的內容寫成《通用語言學》（又譯為《普通語言學教程》；*Cours de Linguistique Générale*)(Saussure, 1974)。

當研究者進行比較性研究時，需釐清研究方法是隸屬於貫時性或共時性的比較研究。語言符號學者常從時間縱軸觀察引起符號語意演變的關係。然而，許多時候我們研究「語言使用」在一個世代跨地域的共通性，以及各族群不同地域之間具文化的差異性，即是進行共時性語言結構學的研究，在全球化資訊快速流通，產生使地球扁平化現象的今日，其更具時代意義。

一、符徵和符指之「二元一位論」

索緒爾在《普通語言學教程》(*Cours de Linguistique Générale*) (1916) 基本界說符號學是研究存在既有的社會結構下各種符號現象的科學，提出了語言是一種符號系統，奠定符徵（表現）/符指（內涵）的二元一位論的符號學基礎（見表 1-1）。索緒爾將符號表現分成能指（符徵；signifier）與所指（符指；signified）兩個部份，舉例來說，文字即是符號構成，符徵比之為文字的聲音與文字的外在造形，符指比做為文字本身的解釋與其內涵意義，兩者間的關係是任意專

表 1-1：索緒爾：符號學之「二元一位論」

| 符號
(Sign) = | 所指（Signified；符指、意指）content（意義與指涉內容） |
| | 能指（Signifier；符徵、意符）expression（表現形式） |

（本書作者製表）

斷的 (arbitrary)、變化的，一個符指自有一個或一系列特定的符徵，反之亦然。但在不同的使用情境脈絡下，可使得同樣的符指在不同語言系統中亦可能具有不同的、遞變的符徵（李天鐸、謝慰雯 譯，1997，頁 61）。索緒爾論符號現象：所指 (signified) 即符指，是能指 (signifier) 即意符對應指涉內容過程中所指陳的意義。意符可表達表現形式之性質特徵，人們藉由檢視這些性質特徵，進一步地了解性質特徵所指涉的內容與其象徵意涵。能指與所指不可分割；索緒爾認為特定所指與特定能指的連繫並非固定不變的，而是約定俗成地發展出來，隨著不同族群世代依其自然語言的發展才形成確切的概念。

二、符號意指的任意性原理

有些指涉相同概念的能指，若使用於不同族群語言，就會顯現相異的能指。「狗」在英文的讀音為 "dog"，跟法文 "chien"、拉丁文 "canis"、德文 "haushund"、日文「イヌ」、中文「ㄍㄡˇ」的讀音明顯不同，但都表達了狗這個概念所指的意涵，這顯示語言符號學中「符號的任意性原理」(arbitrary)─所謂的任意，並非任性、隨意或隨機的意思，而是指特定脈絡約定俗成的符號任意性原理。另外，「狗」的能指，在現代對應於中文的「狗」這字的表現形式和概念，亦與古代中文書寫為「犬」，在中文語言體系裡所使用的字

形和語音明顯不同，因此，符號具有這種非單一的、任意性的表現，應運使用情境和社會脈絡而產生遞變。

我們可進一步觀察，特定的使用情境賦予語言真正的符號意義。再以非自然語言之研究中儀禮的語言「鞠躬」為例，不同文化族群、社會對於「鞠躬（能指／意符）＝致敬（所指／意指）」的表現即有不同：日本人為 90 度，華人為 45~60 度，藏傳佛教徒則以五體投地為禮敬，中古及近代歐洲貴族對於國王、皇室家族表示敬拜，則以跪單腳、親吻對方手或腳來表達不同程度的禮敬之意。

2007 年拍攝的旅行紀實攝影照片中，顯示在飄揚的美國國旗之下，哈佛大學校園廣場內 John Harvard 座像被放置於高處，原應屬古銅色或澄黃色的銅像，現在已呈現黝黑的外觀，唯一透顯出金黃色澤處為其微伸向前的左足尖（圖 1-1、圖 1-2）。這是哈佛大學創辦人的銅像，而足尖的金黃色澤，是多年來圍觀者頻繁「觸摸鞋尖」這個行動產生的結果，凡是到哈佛參觀或求學者，幾乎都撫摸過創辦人銅像的左鞋尖，這個行動其真正的內涵意義，對應著歐洲宮廷「親吻腳尖」的極敬禮—在於非常尊敬對方、以自身為奴僕的禮儀觀念。這個實例說明這一「觸摸高台上人物的鞋尖＝禮敬」真正的非自然語言符號意義，需經由其特定的使用情境所確立。

三、共時性的符號轉義

　　進而討論「觸摸＝致敬」這一儀禮語言，再將語言符號學中的要義轉化應用在當代視覺文化現象的討論上。無獨有偶的，2005 年於義大利北方 Verona 小城中，在再現莎翁筆下茱麗葉與羅密歐露臺相會的戲劇情景—茱麗葉故居中庭內的茱麗葉塑像前，側拍一對遊客，如同其他眾多遊客，在茱麗葉銅像前大排長龍後，與茱麗葉塑像互動並合影留念（圖1-3）。此攝影照片本身即為符號，分析其主要代表性符徵，包括：女性銅塑像、銅塑像發亮的胸口、銅塑像的姿勢、一對男女遊客、男子的手部動作、男女人物的神情、銅塑像背後庭園內的樹；圖例中的兩個人，藉由動作、神情、肢體語言的「觸摸」，呈顯特定語意，並反應出普遍參觀者在此對應茱麗葉塑像之儀式性行為。

　　銅塑像視點望向前方盡頭、思緒複雜的微笑、相貌年輕，以及特殊的服裝、頭飾和髮型等特徵，熟讀莎士比亞作品者可輕易指出銅塑像之指涉對象即為茱麗葉。塑像比起身高較高的歐洲人而言更高出一個頭，可見她被放在平台之上，相對地被當成一個具崇高性的崇拜對象。

　　圖例中顯而易見的符徵，是女性銅塑像的右乳房，由於它已被人們摸得發亮，因此後來參訪塑像的人將普遍得到可「觸摸」的暗示。銅塑像頭部因金屬氧化現象呈色黝黑、身軀較為顯露為原金屬色，傳達出它在室外的庭院，經過風吹日曬雨淋，只有被觀者頻繁觸摸過的地方才會呈現銅原來的

顏色。塑像背後的植物，點示出它被放置的場所訊息，植物後方的磚牆結構顯示雕像被放於類似中庭的內院，這樣的場所訊息也具有值得進一步了解的符指意涵。

其次，觀光客排隊觸摸銅塑像的胸口，是個約定俗成、公認的儀式行為，照片中的男子模仿茱麗葉手抱胸的姿態並觸摸塑像胸口，具有特定的語意，與茱麗葉銅塑像存在的目的具有相關聯性，手勢也具有意義；茱麗葉被觸摸的胸口處較光亮，肩部亦同。作者故意拍攝一對男女與茱麗葉合照，而非婦人、小孩，目的意在隱喻：呼應《羅密歐與茱麗葉》的愛情故事特質，人們崇拜這對年輕殉情的少年情侶對愛情的堅貞信念。照片中的男女可能是一對情侶，這對觀光客的手勢設定，尤其是男子摸亮塑像的右胸口，並如同銅像之左手握拳、彎折手臂摀胸這一姿式，表達信守諾言，秉持「愛的信誓」，希望茱麗葉賜福，為他們的愛作見證。

這樣的儀式行為亦反應在一些基督教宗教儀禮語言中：歐洲教堂內耶穌雕像的小腿和腳、聖徒或宗教領導人的鞋尖，因塑像主角的崇高性而被民眾摸亮，以觸摸表示敬意；莎士比亞筆下的人物雖未具崇高神性，但依舊被塑造為平台上可觸摸的銅像，有如參訪道教寺廟時，人們觸摸金元寶、財神等特定物件的習慣。在義大利的 Verona 小城，人們藉由觸摸茱麗葉塑像胸口的手勢，宣告愛的誓言，突顯茱麗葉身為「愛的見證」之主要語意。

圖 1-1：　蘇佩萱 (2007)，哈佛大學校園內圍觀群眾。攝影。美國：
　　　　　麻州。

（局部格放）

圖 1-2：　蘇佩萱 (2007)，哈佛大學校園內創辦人 John Harvard 銅
　　　　　座像。攝影。美國：麻州。

圖 1-3：　蘇佩萱 (2007)，側寫茱麗葉銅像前旅遊者合影。
　　　　　攝影。義大利北方 Verona，茱麗葉故居。

第二章　羅蘭・巴特論文本與影像

第二章　羅蘭‧巴特論文本與影像

　　法國文學理論家羅蘭‧巴特（Roland Barthes，1915-1980）在二十世紀六〇年代中期對結構主義重視作品結構本身提出質疑，認為重要的是在於與其對應的過程，轉化成為後結構主義的討論，提出以符號學解構人類既定的觀念，轉向社會與文化現象的討論範疇中。他在西元 1967 年提出著名的「作者之死」(The death of the author) 之論述，主張作品本身存在於作者以外的生命性，擺脫對作者賦予的意念思想進行追尋與倚賴，將「作者—讀者」這主客觀的位置轉換，使讀者為中心主體，以其閱讀文本時所置身的文化脈絡下進行思考，在意識中呈現「我看見，我感覺，故我注意，我觀察，我思考的狀態」（許綺玲 譯，1997，頁 31）。所謂的「作者之死」(the death of the author)，正指陳在作品完成的瞬間，作者與作品的關係便宣告結束，解讀權釋放回歸於讀

者手中，反映出讀者個人感覺結構的差異，與對應過程的重要性。所以作品之不朽，並非是揭示一種意義並強加在不同讀者的身上，而是因為它向每一個讀者啟示了不同的寓意。

一、羅蘭‧巴特論文本

羅蘭‧巴特跨越以書寫而成的印刷刊物或者書籍形式呈現的作品，以研究「文本」(text)、分析讀者觀點；所謂的「文本」，其不限定於某種印刷形式存在的書籍產品本身，同時包含了「詮釋」研究事物及社會現象的過程，並且對所包含的相關事件深入探索分析。「文本分析」是詮釋論述說明的一種形式，是研究意義建構的一種過程。個人研究建立論述時，往往會受到社會環境、文化因素等影響，所以研究除了解事物表象意涵，同時包含了討論背景脈絡相關影響層面（陳雍正，2007）。羅蘭‧巴特在 1975 年《羅蘭‧巴特論羅蘭‧巴特－鏡相自述》提出一種「理想文本」(the ideal text) 的概念，說明「理想文本」是一種相較於傳統文本更有利於讀者拆解，並且方便重新排列連結的高可塑性「文字模組」，隨時可以拼湊成形，又隨時都可以分解為最基本的素材（劉森堯 譯，2002；劉森堯、林志明 譯，2012）。例如，他的名作《戀人絮語》(*Fragments d'un discours amoureux*) (1979) 以片段的連篇片簡式寫作貫穿全書，片簡次序與書寫或內容涉及的時間無關，是以篇名開頭第一個字的字母順序排序而成（汪耀進、劉俐 譯，2010）。如此脫離序列，看似

破碎的片段，實則進行各種詰辯。於是，一種「可寫作的文本」[1]，不同於傳統讀者對作品的概念，它成為是一種語言創造活動的體驗。讀者對應文本時可突破體裁和閱讀習慣的窠臼，是對其中內容「能指」(signifier) 進行拆解，將放縱讀者走向可讀性的邊緣，沒有作者觀點之匯攏點，呈現多義紛紜狀，「所指」(signified) 可被一再後移。因此，文本向讀者開放，意義之賦予由讀者所驅動和創造，文本呼喚的是一種語言遊戲，一種快感的體驗，解構了作者與文本主客體間絕對性的關係，能不斷創造衍生不同的意義，也因為意義不停的創造中，其最終意義也被無止境的推延。

　　每一次閱讀，同時即是一種寫作 (writing)。讀者在與文本的相遇 (encounter) 中會以其文化脈絡創造了讀者自己的意義：讀者的那些文本，始終在變動、不穩定，而且容許質疑；解釋的任務也不在於去尋找作品的終極意義，不在於關注它的普遍結構，而是在於閱讀的創造性。與羅蘭‧巴特同時代的德希達 (Jacques Derrida, 1930-2004) 在 1972 年《書寫與差異》一書中揭櫫文字傳達意義的延宕、挪移、及後設性（劉森堯，2004）。他以解構的觀點強調文本具一種動態生成的不確定性，因而蓄藏著解釋的無限可能性；同時，文

---

1 文本分為可讀性文本和可寫作的文本。可讀性文本是指那些好像是可自行解讀的文本，像傳統的寫實作品，它們體現對現實的、標準的、慣常不變的觀點，可將之描述為思想觀念的幫手。可寫作的文本則要求讀者參與到意義的生產中，是指一種創造性活動，它要求讀者積極配合，且要求讀者參與作品的生產和寫作，打破原有的、靜態的結構觀和系統觀（見：羅伯特‧休斯（1992），《文學結構主義》，劉豫譯，桂冠新知叢書）。

本又是不確定的，它以其符號性與其他文本構成一種不斷互動的參照關係，在無限意義生成活動中滑向意義的無限「延異」(différence) 中（張寧 譯，2004）。因此，導出「歧義性解讀」這一觀念：一切文本都是「多義的」或「多詮釋的」(polysemic)，所有的文本都是一種再生產，事實上，文本潛藏著一個永遠未呈現的意義，對這個意義的確定總是被延擱，並被新的替代物所補充和重新組構。相應於此，羅蘭‧巴特〈影像修辭學〉(Rhetoric of the image) 一文曾在 1964 年發表，並被 Heath, S. 編錄於 *Image –Music –Text* (1977)[2] 書中，看來是更早的觀點。羅蘭‧巴特在此文中說明當我們注視影像時，會發現影像皆具有多重意義 (polysemy) 的特色，影像藉由在於其中的符徵來暗示一連串具變動關聯性的符指寓意，可讓讀者選擇一些有意味的符徵，或忽略其他，而加以多重會意的解讀[3]。羅蘭‧巴特說：

> 根據古老的語源學，影像一詞根源於 imitari（模仿）。就影像符號學而言，可以不僅止於簡單的將象徵符號們加以黏著接合，而是用類比再現（「複製」）的方式

2　This chapter, Rhetoric of the Image, originally published in 1964, is taken from *Image –Music –Text, edited by S. Heath*, New York: Hill and Wang, pp. 32-51.

3　作者翻譯，原文為 "As will be seen more clearly in a moment, all images are polysemous; they imply, underlying their signifiers, a 'floating chain' of signifieds, the reader able to choose some and ignore others." 引述自 Barthes, R., Rhetoric of the image, in *Visual culture: the reader*, Evans, J. & Hall, S. Eds., 2004, p. 37.

產生真正的符號體系嗎？有可能想像出一套類比性的
「符碼」(code) 嗎？影像，以「生命的迷思」之名（"a
certain mythical idea of Life"），它是「再—現」(re-
presentation)，最終說來亦即是「復活」(resurrection)，
並且，反悲調地將顯明而易見者重新再置入已存在的
經驗中。[4]

　　從另一方面來看，再現人類世界已存在之經驗的平面影
像（如海報、攝影照片等）內所附加的文字說明，或電影裡
的書寫材料（"the linguistic message"[5]），像大船之「錨」；何
謂「錨」？「錨」就是從大船拋下去後使大船能夠入港定位的
關鍵工具。影像中的文字使用具有「定錨」效果 (anchorage)，
與圖像（"the iconic message"）互為依存，誘使觀眾對影像文
本作某種特定的解讀[6]。以下舉實例加以演繹說明。

---

4 作者翻譯，原文為 "According to an ancient etymology, the word image
should be linked to the root imitari. ...facing the semiology of images: can
analogical representation(the 'copy') produce true systems of signs and
not merely simple agglutinations of symbols? It is possible to conceive of
an analogical 'code' (as opposed to a digital one)? ...this in the name
of a certain mythical idea of Life: the image is re-presentation, which is
to say ultimately resurrection, and, as we know, the intelligible is reputed
antipathetic to lived experience." 引述自 Barthes, R., Rhetoric of the
image, in *Visual culture: the reader*, Evans, J. & Hall, S. Eds., 2004, p. 33.

5 引述自 Barthes, R., Rhetoric of the image, in *Visual culture: the
reader*, Evans, J. & Hall, S. Eds., 2004, p. 36.

6 Barthes said, "What are the functions of the linguistic message with
regard to the (twofold) iconic message? There appear to be two:
anchorage and relay." 同註 5, p. 37.

二、解讀影像文本的隱喻

2007 年暑假八月期間，拍攝哈佛大學校園內張貼在劍橋信託合作社 (Cambridge Trust Company)（廣告主）分行玻璃窗上的一幅平面商業廣告（圖 2-1），旨在吸引人申辦現金卡（廣告物）。廣告以一支微溶的冰淇淋為主圖像，引發觀者對主題物冰淇淋產生弦外之音的聯想。原本冰淇淋這一食品與現金卡這一金融商品無關，很難對應聯想其間的相關性，所以廣告設計者創造出一種開放性文本指示言外之物。這是一個以冰淇淋為隱喻 (metaphor) 的廣告設計，觀看者可多重會意其文案："Purchased in just a few seconds with your Cambridge Trust Debit Card. Better eat it just as fast."。但若加以辨識，觀看者馬上發現文案分列成較大字級的可被從遠處一目瞭然的主標文案："Purchased in just"（「及時購買」）and "Cambridge Trust Debit Card."（指廣告物），旨在召喚觀者使用劍橋信託現金卡購物；附加字級相對十分微小的、從近處才得以觀看解意的副標文案："a few seconds with your (Cambridge Trust Debit Card)." and "Better eat it just as fast." 其語意說明使用冰淇淋為主題物的關聯性，即具定錨效果 (Anchorage) 式的誘使觀眾對此圖文並陳的影像作某種特定的解讀，說明從「此刻正是享用冰淇淋的最佳時機」的暑期相關生活經驗中，進一步藉由美國民眾最愛的美食享受，隱喻「及時行樂」的概念，比喻劍橋信託合作社之現金卡將提供使用者刷卡購物之即時性和方便性。此圖例足以顯

示設計多重會意之語意的重要性，生活中可隨時隨地的使用
符號來作譬喻和溝通。

可以想見，臺灣的讀者若不站在美式生活經驗中考量，
冰淇淋的隱喻「及時購買」、「及時行樂」的作用力量隨即
削弱。本書之讀者，在此也是觀者，與「影像文本」對話的
過程中，不僅是現象之觀察者，也同時是影像文本的讀者和
影像文本意義的再詮釋者，多種角色並存。試論：若從對應
社會文化脈絡意義之現象上觀察，主題物「雙色冰淇淋」
或可反映美國是一個黑白人種佔人口大部分比例的族群大融
爐；另外，觀者可將自身社會生活經驗中更貼近適合的主題
物與此「冰淇淋」所反應的概念加以連結，或置換新主題物
將其轉移至影像表現上解讀文本，使得影像作品本身呈現開
放性釋義的特質，賦予臺灣觀者創造詮釋的新可能性。此論
點使觀者可藉此超越圖像設計者之論述，使作品的觀看者於
每次的讀取過程中進行再解讀，轉向為觀者個人的感知與自
我詮釋，藉此就已達到參與「作者已死，讀者再生」的另一
種解碼的過程 (decoding) (Sturken & Cartwright, 2005)。

三、迷思與文本脈絡

羅蘭·巴特在《符號學原理》(*Eléments de sémiologie*)
(1964) 一書將索緒爾指陳符號的符徵與符指二元一位論（見
表 2-1）加以延伸，打破傳統語言學應用轉向為對社會文化
現象研究之分析方法，論述符號的意義具有雙重性：原本第

一層次表達「外延的」意義層面 (Denotation)，是為較明顯的符號意義，解釋符徵與符指關係；讀者可進而挪用第一層的外延意義產生新的符號意義，為更上層的表現形式建立出屬於對應背景社會意識型態和文化脈絡的內涵，即是第二層次的「內涵意義」(Connotation)，以建構「神話」語言 (Mythologies) (Barthes，1967)。

　　迷思 (myth) 是一種語言，當然它並非普通一般語言，而是需要特殊條件界定才得以形成。迷思，這種「神話」語言，是一種溝通系統，也是一種訊息。它可允許個人去知覺到它所指稱的並非僅是一件事物、一個概念或一種想法，而是透過一個表現形式 (a form) 當中所產生的一套意指模式 (a mode of signification)，繼而，我們將指出這一表現形式之歷史時空範疇、使用情形、和社會背景情境。[7]

---

7 作者翻譯，原文為："'Myth is a type of speech' Of course, it is not any type: language needs special conditions in order to become myth: we shall see them in a minute. But what must be firmly established at the start is that myth is a system of communication, that it is a message. This allows one to perceive that myth cannot possibly be an object, a concept, or an idea; it is a mode of signification, a form. Later, we shall have to assign to this form historical limits, conditions of use, and reintroduce society into it: we must nevertheless first describe it as a form." 引述自 Barthes, R. (1973). *Mythologies*. London: Paladin. p. 109.

　　再參照《符號學原理》(*Eléments de sémiologie*)(Barthes, 1967) 中談「涵義」[8]與「元語言」[9]的關係，析論整理成表 2-1 說明羅蘭・巴特擴充了索緒爾符號學中的「能指」與「所指」，衍生出「神話理論」(mythology)：在第一階的語言層次，符號包含了一組「能指」(form/ expression：E1) 和「所指」(content：C1)。然而，在第二階的神話層次，符號意義反應形式和內容間的關係 (R1) 成為「能指」(E2)，而這「能指」有屬於它自己的「所指」(C2) 相伴隨，於是第二階的「能指」和「所指」再形成涵義符號 (R2)。巴特為此建立了一套明晰的術語，他稱第一階的符號為所指意義 (meaning)，而當符號指的是神話系統中的「能指」時，則被稱為形式之外延義 (E2)，「所指」則是概念 (concept：C2)，第二階的符號名為「意指」作用 (signification)(R2)（王國強 譯，2006；許薔薔、許綺玲 譯，1998）。巴特提到，在第一階的意義中，意義本身已是完備的，它預設一種知識、一段過去、回憶等；但一旦它變為神話系統中的「能指」形式 (E2)，原本的意義被置換延擱，將由意指作用來填補，亦即藉由「意指」作用 (R2) 來產生概念（「所指」C2）。

8　羅蘭・巴特原著《符號學原理》(*Eléments de sémiologie*)(1964) 國內學者董學文、王葵翻譯成《符號學美學》(1992) 由商鼎文化出版，其中論述「涵義，它自身做為一個系統，包括表示成分（能指）、被表示成分（所指）以及使構成者與後者（詞義）相結合的過程」（頁 89）。

9　同上：「當普通的語言在其所指意義的情況中，接收了一個有意義的客體系統時，它就變成了一種"運用"，也就是一種元語言」（董學文、王葵 譯，1992，頁 91）。

表 2-1： 羅蘭・巴特的符徵符指擴充論（神話系統）

第一階：語言（外延義）	1. 能指（形式：E1）	2. 所指（內容：C1）	
第二階：神話（內涵義）	3. 所指意義：「元語言」（詞義，反應形式和內容間的關係：R1）→ Ⅰ.能指（表達：E2）		Ⅱ.所指（概念：C2）
	Ⅲ.「涵義」（意指作用：R2）		

（本書作者製表，參考資料來源：Barthes, R. (1967). *Elements of Semiology*；董學文、王葵 譯，《符號學美學》，1992）

依據此架構再論「冰淇淋」隱喻，在第一層次以「微溶的冰淇淋」形式和具定錨效果的文案內容直接指陳廣告之語意目的，反應在商業機制操作下，快速、便捷和即時的（"in just"）金融商務服務，是美國人們生活經驗中像夏天吃冰淇淋消暑一樣所不可或缺的。再透過第二層次「神話」語言 (mythology) 將此「元語言」進行分析，所產生的一連串概念 "Better... just as fast." 反映出美國資本主義掛帥的主流意識型態，映襯出觀者快速閱覽傳播資訊行為、買賣快速交易和即時的金融商務服務之關聯性，成為作者解讀此廣告文本之「涵義」"better just as fast"，召喚其觀者及時申辦與使用現金卡。當影像符號之解讀者於審美判斷中感受到文化價值內涵，符號就因此轉向為解讀美國的文化符碼。

羅蘭・巴特認為「神話」將「元語言」的原有意義抽空，而經由再建構的過程－將原有的符號當作大且新的意符 (signifier) 並賦予新的意旨 (signified) 形成新的符號消費，

符號就在不停的抽空與填滿意義的過程中展現其能動性：符號涵義是浮動的，沒有僵化的格式，它們可以成形、轉化、解體。因此，運用羅蘭・巴特符徵符指擴充論，無限次的多層意義之延展即可產生新式多元性符號，新符號與符號意義能做為彼此的連結，這樣轉化的過程就會產生一連串的新「涵義」符號，藉作譬喻，即可讓觀者了解環繞影像符號語言之種種文化意象。

　　進而言之，影像是一種具有約定性的符號系統。羅蘭・巴特認為在人類群聚的團體共識中，可將影像語言符號轉向為「文化符碼」探究之，其中人文脈絡 (context) 儼然成為現代符號學之研究範圍，在所對應的社會、文化脈絡下，經過符碼化的各元素傳遞著訊息，並有著象徵、隱喻、轉喻的意涵。所以影像符號學可廣泛運用在文化研究層面上，透過不同角度解讀影像符號，能使影像文本之解讀產生多義性。讀者可循以下步驟透過符號學分析影像（王國強 譯，2006）：

　　1. 辨識符號的種類。

　　2. 辨別符號「自身」的指稱。

　　3. 試想符號在其出現的影像中和其他影像中的關係為何。

　　4. 探討符號與廣大意義系統間的連結。

　　5. 回到符號本身，探討其言述的意識型態。

　　本書注重影像視覺符碼意義之詮釋，所以在評析藝術與設計作品語意時多延用羅蘭・巴特之符號學「外延義 v.s. 內涵義」理論架構，不僅能解析整體所構成的主題意象，亦能針對影像作者如何編製符碼，將這類型創作擁有多重會意特

色的或接續不斷的影像加以組合以論述意旨或敘事的特性，進行詳細的探討，成為進一步提供觀察影像符碼語言，與解讀跨媒介、跨文化中視覺符號表現的指示意義與內涵意義的利器。

　　吉莉恩 · 蘿絲（Gillian Ross）在《視覺研究導論》書中提到，藉由符號學來對社會文化議題進行探究，實為一種適切的方法，幫助觀者認真地看待影像以思考意義如何有效的被發揮（王國強 譯，2006）；由此可證，將符號學分析方式應用在藝術與文化的視覺符號探討上，可使理論與實務能有效的結合。改變了藝術與大眾、創作者與欣賞者間的對立關係，由原來靜態的閱覽介入發展成為雙向互動的關係，把觀者從被動的目擊者變成涵義的協同創造者。

圖 2-1：　蘇佩萱（2007），哈佛大學校園內海報。攝影。美國：
　　　　　麻州。

第三章　梅茲論電影符號語言

第三章　梅茲論電影符號語言

　　影像，從平面攝影、紀實攝影開始，原只呈現自己與其所表徵的事物而已，經歷現代時期以迄當代，卻衍生出多種與觀者溝通的電影、多媒體、或互動影像媒體。不論是其藝術表現形式還是電影語意之表達，因其將全面意義直接指向觀眾，由觀眾各自詮釋，形成為一種開放性的語言系統，亦已成為當代影像藝術與設計創作的主流趨勢。回顧二十世紀六〇—七〇年代，那時候法國的論壇產生多種對於「符號—語言—影像」之間對應關係的討論，早已把電影看成是一種語言般的藝術表現形式來加以談論，認為一個個的鏡頭所組成的佳言美句進一步銜接形成了電影段落；然後，段落跟段落之間組成了電影的章法結構，所以我們可以把電影的影像表達當成是使用攝錄影機（被視為 camera pen）進行一種影像的書寫 (film writing)。

一、延宕性的傳播媒體文本

梅茲 (Christian Metz, 1931-1993) 在二十世紀六〇年代提出電影符號學，他認為浮華世界裡所呈現的影像本身即是符碼化的表現，討論電影裡除了人物對話、一些旁白插句，裡面還散見著一些間雜的文字和其他影像特質的表現，這些都是具象徵意涵的影像符號。繼而，六〇年代末起，梅茲發展出來的電影符號學理論進一步被運用來研究個別的電影，指陳電影是一種延宕性的傳播媒體文本（Metz, C., 1982；劉森堯 譯，1996）。梅茲所謂的「延宕性的傳播媒體文本」，它是指一個電影產製出來之後，先由大眾觀影，在這過程當中傳播訊息，於此之間產生第一層次的傳播效應；大眾觀影之後，進而對於電影的訊息產生反饋，再形成第二層次的傳播效應。事實上，梅茲提出來說它應該是一個不斷地延伸的、迴圈式的，與觀者溝通交流的結構；從中讓電影因而產生出它確切的意義 (Metz, C., 1974)。

產製出的電影文本，經由大眾觀影，然後大眾觀影之後的回饋回響，形成為一個具迴映特色的、延宕性的傳播效應，這個理論觀點，其後落實在歐美電視或電影之製播形態表現上。例如：1993 年美國知名的【X 檔案】(The X-Files)（克里斯・卡特、布萊恩・斯賓塞，1993）電視影集，它是懸疑驚悚性的，每集中最後刑案的發展結果如何？卻是交付觀影大眾去討論的；因而，【X 檔案】確立成為一種可被觀者「開放性解讀」的大眾媒體文本，反應這般延宕性的傳播模式。

另外，2002~2004 年在美國獲得艾美獎最佳剪輯獎肯定的電
視影集【24 小時反恐任務】(24 Hours)（喬・蘇諾、布萊恩・
斯賓塞，2001），劇情中講述總統大選前，以德國為首腦的
恐怖組織將派殺手潛入美國境內，謀殺預計為美國史上第一
任黑人總統的候選人大衛・帕默 (David Parmer)；這故事劇
情當它發展到最後一集時，男主角傑克・鮑爾（Jack Bauer,
加州洛杉磯反恐組織探員）在成功遏阻了恐怖組織暗殺總統
候選人，使危機解除後，救援行動之最後結局裡出現兩個版
本：一是失去摯愛妻子的悲劇收場、一是驚懼且悲喜交集的
救出妻女而圓滿落幕，交給美國觀影大眾做開放式的討論，
讓觀眾思考到底是選擇哪一個結局才會更有意義？像這樣子
一種電視影集製作的型態，其實即回歸到梅茲所提到的延宕
性傳播之概念，它們強調的是，觀影大眾對於該影像媒體的
反應回饋，將會影響影片文本本身如何建構其意義。今日影
視環境中越來越多這樣的節目型態或影像表現出現，它們提
供一個個更多元開放性的結尾，吸引觀眾的關注與討論。

二、電影語言中縱聚合語意羣結構

與羅蘭・巴特同時期，法國電影評論家梅茲發表《電
影語言》(*Essais sur la signification au cinéma*) (1968)，即表
示動態影像所呈現的是一種意義的總體，包括其敘述本身，
也包括敘述中含有虛構的時間和空間部分，也包括角色、風
景、事件、以及其他敘事有關的要素，只要是意義之產物皆

是（劉森堯 譯，1996，頁111）。在這之後，部分影片製作者即開始運用符號學系統性的分析來組織鏡頭，並且重新定義了符號表現在影像上的論述與相關實踐。就影像創作的敘事結構而言，其中，「鏡頭」，像是個單字或句子，是影片組成中最為基本的元素與最小的環節，同時也是個複雜的元素單位；而且，「鏡頭」的組成是沒有限制的，可做無極限的組合構成。在影片製作之鏡頭組構過程中，依電影符號學之分析可檢視鏡頭與段落（梅茲稱「影段」）其間連結的關係，加以釐清影片中的劇情內容與指涉涵義。

　　「鏡頭」，與單一文字表達不同，是影像創作者的陳述工具，以鏡頭為論述的基本單位，在有秩序的安排中，表明了其中的意符元素，將這現實世界轉化為影像的論述，產生符指，而不只是簡單的對現實世界的複製。再者，法國評論家梅茲沿用索緒爾的縱聚合 (syntagmatic) 和橫組合 (paradigmatic) 語言論述架構，發展出由鏡頭所組織構成獨立片段的「語意羣（syntagmatique）」概念。分析語意羣結構，視其基本組成元素形成的縱聚合關係[1]，區分為八個不同的類型（劉森堯 譯，1996，頁137-146），敘述如下（另參見表3-1）：

　　1. 單一鏡頭或由其他不同類型之「自主性鏡頭」所構成的語意羣，包含：一鏡到底的影段 (single-shot sequence)；非主敘事涵插入鏡頭 (non-diegetic insert)

---

[1] 索緒爾在語言符號先區分有「能指」與「所指」的概念，並提出縱聚合（syntagmatic）、橫組合（paradigmatic）的關係；另有學者稱之為系譜軸、毗鄰軸。

呈現於電影外虛幻世界的客體；移置性主敘事涵插入鏡頭 (displaced diegetic insert)，是超乎電影情節之上卻又實際發生在劇情之中的主敘事涵影像，如描述槍戰中「生死之交」，特寫交心情景的插入鏡頭表現；主觀性插入鏡頭 (subjective insert) 以描述情緒狀態和心理情境等，如描述回憶性鏡頭、恐懼的鏡頭；解釋性插入鏡頭 (explanatory insert) 用以補充或替代呈現重要的劇情內容意指。

2. 「平行語意羣」，為一種非按順序敘事的語意羣，以影像蒙太奇（Montage）手法將兩個以上主題的交織結合，以確有意涵的時、空、人、地訊息加以拼貼剪輯；因而，可以是時間與空間上並無確切關係之組合。

3. 另一種非按順序敘事的語意羣，「注解性語意羣」，為一組短鏡頭，呈現動態影像所要呈現在現實世界中發生之事，以非順序組合其相互關係，並藉以強調創作者所要呈現之整體意義關係。亦即，它通常以「概念」為出發點，以簡略的段落來交代事情的發生順序，但缺乏確切的時間性。

4. 「描述的語意羣」，為按順序敘事的語意羣，是指在動態影像主題連續呈現的同時，以鏡頭連續掃過將若干場景情境化。

5. 「輪替的語意羣」，是指當鏡頭的語意羣與語意羣間時間交錯，以輪替敘事的方式表示事件進行之同時性。

6. 「場」，是線性敘事的語意羣之中，以簡單明瞭的方式說明一個動態行為的完成所建構出一個具體的單位。

7. 專有之段落 (séquence proprement dites) 中的「普通段落」，以連戲剪接 (continuity editing) 手法交代一個行為從開始到完成，省略了中間不重要的細節，跳過與劇中情節無直接關係的情景，表示時間的不連續，表現出劇情在時間和空間上的跳躍。

8. 另一種專有之段落為「插曲式的段落」，指串連一組很短的鏡頭，伴隨著依時間順序的濃縮影像，或表現出不同場景、視覺設計美感不統一的情節內容，卻能扼要說明主劇情事件發生經過。

表 3-1：梅茲的八種影像語意羣結構之基本元素

序號	中文名稱	英文名稱
1	自主性鏡頭	Autonomous shot
2	平行對照影段	Parallel syntagma
3	注解性影段	Bracket syntagma
4	描述性影段	Descriptive syntagma
5	交替性影段	Alternating syntagma
6	場	Scene
7	普通段落	Ordinary sequence
8	插曲式段落	Episodic sequence

（作者製表，參考資料來源：Metz, C. (1974), *Film language*；劉森堯 譯，《電影語言：電影符號導論》，1996）

　　接下來藉由電影史上的案例，討論一些較特別的縱聚合語意羣結構類型。在此先說明「平行語意羣」和「輪替語意羣」中可見二種結構之基本元素：「平行對照影段」(Parallel syntagma) 和「交替性影段」(Alternating syntagma)。其中，以兩種或兩種以上交替出現的主題，但是在時間上與空間上沒有明顯關係，會形成平行對照影段。榮獲得 2000 年柏林影展金熊獎的影片【心靈角落】(Magnolia)，導演保羅・湯瑪斯・安得森 (Paul Thomas Anderson) 在【心靈角落】裡面，處理時間和空間上並沒有明顯關係的主題，至少七個母題、十個主角人物，他們彼此之間沒有明確的對應關係，可是卻被匯入在這部影片裡面，探討人內心孤獨疏離的心理狀態，這是由多個十分複雜的「平行對照影段」所產生「平行語意羣」的表現，使觀影者的我們看到了眾生相（保羅・湯瑪斯・安得森，1999）。他將看似毫無相關的人物劇情形成各自不同的短篇故事，但這些人物生存的共通特色，正意指著人們像在糖衣外表裡的苦藥般裡生活著，隱喻人的際遇並非十全十美，這才是真實人生。因此，我們很容易從這電影中諸多角色的短篇故事裡，找到隱約表徵自己不完美人生的情節，因而得到莫大的安慰或滿足感。

　　再者，「輪替語意羣」中，為交代兩種或兩種以上在時間上具同時性、同時出現的主題，但是在不同地點發生，就必須發展出交替性影段，用以敘事。前述 2003 年的【24 小時反恐任務】就是二十一世紀初期表現「輪替語意羣」最複雜的版本之一，它區分成 24 集，每一集都是一個大語意結

構群，基本上都是用交替性影段來支撐這個大語意結構群。這支影片的第一集先行交代恐怖組織和反恐組織之間的對峙，於第一集影片末端，又再根據這個主要劇情發展軸，延伸出來一個在美國境內上空飛機爆炸的事件，隨後即與時間同步地，切割成四到五個視窗，以畫面的影像切割來呈現主情節軸中同時異地的、彼此交織的內容，這即是一個「交替性影段」之特定形式，使最後這個結尾同時鋪陳出恐怖組織跟反恐組織在對峙之時，男主角傑克・鮑爾 (Jack Bauer) 的女兒已被恐怖組織成員綁架，對照於焦急地在街頭尋找失蹤女兒的傑克的妻子，另一端在競選總部已接獲消息而若有所思的總統候選人大衛・帕默 (David Parmer)，以及要刺殺大衛的刺客已化身成功、潛入美國境內的跳機身影。這代表今日電影可以使用繁複的交叉剪接鏡頭，再加上觀影視窗上以影格切割的表現組合，來暗示時間上的同時性，顯現同時異地的影像結構。

　　細論之，為處理同時異地的敘事關係，圍繞主角人物形成主要的情節軸，呈現探員傑克・鮑爾 (Jack Bauer) 是一個美式英雄人物，為洛杉磯反恐總部執行此次救援特務的一個團隊領導人。所以，圍繞著他，產生這一個主劇情軸線的其他分支，包含其他人物和場所訊息：他的工作地點—傑克在反恐總部作指揮調度；他的家、他跟他的妻女之間的家庭關係；他蹺家的女兒在洛杉磯的街頭被綁架；還有傑克的救援對象，即將在隔天就被選出的第一任黑人民選總統，在他的競選總部中會議集會，或是晚宴的場所等。事實上，同時異

地發生的，就已經充斥著這麼多複雜的訊息在刺激我們這些觀影者，這是在影史上一個以交替性的影段為主體，一個比較淋漓盡致的運用「輪替語意羣」之電影語言在電視頻道上表現。

再以國片【海角七號】（黃志明、魏德聖，2008）為例，論「插曲式段落」的表現 (Episodic sequence)，如何串連一組很短的鏡頭，伴隨著依時間順序的濃縮影像，或表現出不同場景、視覺設計美感不統一的情節內容，卻能扼要說明主劇情事件發生經過。導演魏德聖在影片中用七封情書之一組組短鏡頭依序前後串聯敘事，形成一個個「插曲式段落」，濃縮了跨世代的時間軸，用來說明追憶過去戀情事件發生的經過與今日主人翁阿嘉追尋解答之間的對應關係。相對的，「注解性影段」，它一樣是用一種簡略的段落來交代事情的發生，可是卻缺乏確切的時間前後的序列關係，常以概念為出發點，來形成簡略的段落，成為影片意指之註解。很多知名的影片，片頭設計是另外編碼設計而成的，所以片頭中常會呈現出很多注解性影段的表現。

另外，電影預告片常常會以主題概念為主，運用影像蒙太奇手法形成注解性影段的表現；或者是將事件的前因後果，順著時間軸精簡了劇情內容，然後作插曲式段落的呈現。魏德聖在【賽德克・巴萊】(Seediq Bale)（吳宇森 等、魏德聖，2011）五分鐘片長的電影預告片中，主要是以呈現導演觀點的注解性影段表現 1930 年的「霧社事件」，特別討論著日本殖民者與被殖民者賽德克族人間的文化衝突，透過影

片中兩位改日本名、受日本教育的模範原住民花崗一郎和花崗二郎在現實世界中發生之事件和情景，以短鏡頭非順序組合，藉以強調導演魏德聖所要呈現之整體意義關係，直指影片內涵意義：「在這個認同混淆的年代 (An era of confused identities)」[2]，花崗一郎和花崗二郎產生對族群文化認同的混淆，他們夾身在學習先進文明跟傳承傳統（被日本殖民者視為野蠻）文化之間的對立衝突，在在誘使當代觀影者重新反思。其實，導演他在電影預告片中以「概念」為出發，以缺乏確切時間性的、簡略的段落來交代「霧社事件」發生的前因後果，卻也用此種方式訴說著二十一世紀一〇年代臺灣人民普遍產生國家民族認同混淆的問題。

三、電影語言中橫組合次符碼關係

縱聚合語意羣組織，構成動態影像的基本形式；再加以橫組合發展，以補充縱聚合的不足，成為使動態影像組成更加合理化的關鍵（李天鐸、謝慰雯 譯，1997，頁 69）。以梅茲對於「電影是語言」的概念，應用於影像創作研究中，將動態影像視為表意的範疇，依剪接、構圖、燈光、色彩對比、聲音音節和律動、樂曲曲風分類形成一系列動態影像符碼；另有一般社會象徵性與文化符碼的特殊使用，彼此間在縱聚合結構中，以不同的主符碼和次符碼 (secondary codes) 間橫組合的意義關係—可替代或相補充—而產生一種影像語

2　電影預告片中，很早即已出現在開場，一個黑畫面上之文字註解。

言的綜合體（李天鐸、謝慰雯 譯，1997，頁 71）。因此，電影具有多重會意的特殊性質，囊括各種類，包括影像、語言、時間、聲音、鏡頭、蒙太奇[3]剪輯手法等，形成一系列特殊影像符徵，顯然是一種組合的總體，成為一種綜理聲、光、色、動的第八藝術語言（張黎美 譯，1997；焦雄屏 譯，2005）。

　　梅茲以多元符碼媒介的準語言運作來說明電影文本，一個影片文本明顯表現出來符碼的多元性。細論之，我們除了拆解影片語意叢結構，了解主要在表達寓意的符碼之外，梅茲視之為電影次符碼的表現還包含討論：如何藉攝影運鏡呈現特別的觀點、攝影組跟導演如何配合之下進行場面調度的手法、或者整部影片如何在特定的影段中為烘托氛圍而產生相應的燈光計畫；或說影片中人物對白語音的表現以及環境音、或特殊音效，以及襯景音樂等相關聲音的表現；或是說為整部電影調光之色彩基調的表現；或是如何運用特定的剪輯手法來說明劇情（王瑋、黃克義 譯，1993）。

　　以威尼斯金獅獎得獎影片【暴雨將至】(Before the Rain)（曼切維斯基，1994）大約三分半鐘的片頭影像表現為例，導演米丘・曼切維斯基 (Milcho Manchevski) 運用注解性的影段，呈現導演觀點。開場的第一個鏡頭，首先出現的是天空烏雲密佈的情境，預示暴雨即將襲來，雲層陰重、薄染殷

3　電影理論家貝拉・巴拉秋 (Bela Balazz，1886-1952) 對蒙太奇下了較為具體的解釋：蒙太奇就是把導演攝影下來一個一個的鏡頭依照著一定的順序連結，進而將這些具有連續性的鏡頭綜合，使它產生導演本身所意圖的效果，這種創造過程可以比喻成一個工程師把一些零零碎碎的機件組合，配成一件完整的機器一樣。（見：陳純真 譯，2002）

紅的一片晦暗的天空色調襯搭一段謎語般詩句文字，同時被
念誦出聲：「當鳥群飛越天際，人們啞口無聲，靜聲等待，
血因為等待而沈痛」，隨後再帶入主題音樂，暗指這部影片
會是一齣血腥、殘暴的悲劇。片頭中再藉由老神父跟小神父
之間的對話，如老神父講：「我怕被雷擊，我好像有聞到雨
的味道」，並呈現老神父喃喃自語：「時間不逝、圓圈不圓」，
這句話好似隱喻了什麼重要的概念，老神父的口白好像謎語
一樣，導演要讓觀者去思考，這整部影片究竟要告訴你什麼
寓意。所以兩位神父的對話設定早埋藏深沈的寓意，在剛開
場透過詩句謎語，將影片涵義「定錨」、為影片之悲劇調性
定位。再者，這部影片突顯紅色與藍色的色彩意象，陰冷的
紅、血色般的殷紅，沈痛的紅、悲劇性的紅、透冷銀白的月色，
都再透過藍色調光呈現，所以從整部影片色彩基調一看就知
道是悲劇性的，這些都是屬於梅茲所說電影次符碼的表現。

　　這部影片片頭部分用文字開場，在這第一個鏡頭中文字
即為主要符碼，交織搭配的次符碼的表現為影像色調（偏藍
色調）、環境聲音內容（遠方雷聲隆隆）、以及後來念誦詩
句低沉壓抑的旁白聲音等，許多細微的聲音內容作為寓意用
的次符碼表現。事實上，我們可將聲音內容切分成人物言語、
環境訊息和音樂的使用（包含主題樂、襯景音樂）三個部份。
其中，言語 (words) 本身就有很多種表現形式，如人物的對
話、旁白插敘、獨白等。梅茲進一步地告訴我們，電影是一
種藝術語言，是一種充斥著特殊符碼化的指示意義語言，同

時是透過視聽經驗所感知的技術知覺諧和體，其梳理電影聲音符號表現類型分為（劉森堯 譯，1996）：

1. 純敘事涵語言：劇中人物所說對白。

2. 非敘事涵語言：非由劇中人物所說的話。

3. 半敘事涵語言：旁白式對白。

4. 單純敘事涵聲音：與影像畫面相符之真實聲音。

5. 外在敘事涵聲音：出自故事空間的聲音，且為劇中人物所知。

6. 內在敘事涵聲音：劇中某一人物內心發出的聲音，為觀眾所知。

7. 移置性敘事涵聲音：故事空間所發出的聲音，但與畫面的時間不一致。

8. 非敘事涵聲音：情境音樂，或敘事者聲音似置身於敘事空間外所表現。

　　一般電影多由劇中人物所說對白（純敘事涵語言）、與影像畫面相符之真實聲音（單純敘事涵聲音）以及故事空間所發出的聲音（外在敘事涵聲音）來組成聲音內容。除此之外仍有多種聲音符號表現類型，以【暴雨將至】為例，前述片頭開場鏡頭中即出現非由劇中人物所說的「非敘事涵語言」：「當鳥群飛越天際，人們啞口無聲，靜聲等待，血因為等待而沈痛」。它表露出凌越在敘事涵（故事）之上全視全知的觀點。

片頭出現的小神父因他發誓靜默，是一種宗教的修煉，卻也是這部影片中以高反差的手法凸顯聲音本質的表現。在這部影片裡面，第一幕劇的名稱叫「言語」(words)，特別與語言文字的使用、語言聲韻的表達有關。小神父科特靜默不語，他透過眼神、肢體語言來說話，來表達，產生一種高反差的表現。第一幕劇中有一場戲，當修道院的主持神父詢問他有沒有看到那個逃亡的女孩，他面向主持神父的反應鏡頭裡陪襯一個聲音出現，那是小神父的心聲，他心裡想不能供出少女的下落讓她落入追緝她的暴徒手中，因而（在心裡講）說：「告訴你會有罪」。這是一種梅茲所稱「內在敘事涵聲音」的表現，在那個反應鏡頭裡，同時伴隨著他在思考如何回答時飄移的眼神，那時小神父所瞥見的教堂裝飾壁畫、其一所對應的正是聖母瑪利亞，意指說明他是基於人道主義原則，以一顆良善不忍之心藏匿那名逃亡的少女。這幾個反應鏡頭的連接，將影像語言中多種次符碼交織下橫組合關係具體表達，且意義互為補充。

片頭出現標題文字："Before the rain (The tale of three parts)"時，即是導演刻意的聲明，用來指示本片發展出一種特別的語意羣結構，如希臘古典戲劇形式的「三幕劇」，形成三個大語意結構羣，以論述在歐洲巴爾幹半島上發生的悲劇。由縱聚合語意羣呈現敘事的結構看來，雖然每一幕劇基本上是由一個個普通的「描述的語意羣」組織起來，但就其整體說來三幕劇為「平行語意羣」彼此扣連，運用一種非按順序敘事的語意羣結構，以影像蒙太奇 (Montage) 剪輯手

法將三個主題加以交織結合，使寓有明確意涵的時、空、人、地訊息可以在觀者腦海中加以錯綜、拼貼。

細論之，【暴雨將至】講三個地點和三個主題故事：第一幕在馬其頓和阿爾巴尼亞二國邊境的東正教修道院裡發生小神父與逃亡的伊斯蘭教少女相知相惜的故事；第二幕在倫敦，訴說一個已婚中年女性跟一個中年孚有名望的攝影師的婚外情；第三幕劇描述在接近於修道院的另外一個牧羊人的村落裡，第二幕劇中的男主角，他從倫敦回到自己的家鄉，爾後發生了被誤殺而死的悲劇。第一幕劇中所看到的葬禮，死者就是第三幕劇的男主角，他在倫敦時認識的女主角（第二幕劇），亦在第一幕劇中出現，以表示她遠從倫敦趕來相聚，不料卻發生惡耗；因此，第一幕劇其實就是整部戲的結尾，就時間發生序列看來，應該先是第二幕、繼而第三幕、最後第一幕，所以第一幕劇既是開場也是結尾，前後相銜。於是這部影片，在這樣特殊的縱聚合語意疊結構裡，包含著逆理的邏輯、諷刺反語的邏輯、及人生命運互纏的邏輯，試圖讓觀者重新組織更深層的影片寓意，理解片頭幾句謎語隱喻的涵義。

這個基督教徒與伊斯蘭教徒宗教信仰對立、馬其頓和阿爾巴尼亞語彼此分歧、流血衝突對立的世界是導演意指之所向。換句話說，這部影片主要討論的內涵義是指在巴爾幹半島這裡面有不同族群，分裂成幾個國家，其中馬其頓人主要是信奉天主教（東正教派），阿爾巴尼亞人主要信奉伊斯蘭教，所以反應在這部影片裡面有種族、宗教之間的對立衝突，用以說明導演從美國回到家鄉後看到自己家鄉的現況，引發

他拍攝這支影片來回應巴爾幹半島內常年對立衝突以及缺乏人道主義關懷的現象。

「時間不逝、圓圈不圓」，就聲音符號表現而言，是再簡單不過的純敘事涵語言，雖說是劇中人物所說的一句對白，卻是逆理之句。事實上，時間本是不斷流逝，圓圈假如不圓怎麼能算是一個圓圈？所以正好是反義語句。如同小神父科特之靜默不語，他卻透過眼神、肢體語言來表達（以言語為其反響），反使這種**言語**反響出它們沒有說出的，遠遠指向那不可言喻的意味。觀者要是能捉捕此意，便知領悟這些逆理、反語，反響、反思本身也是人生中實際經驗的一部分。尤其導演所影射者，是在巴爾幹半島這個歐洲的火藥庫內，因雜聚著不同國家、種族，不同宗教信仰之群眾，彼此對立衝突都還是持續存在著，從來都沒有消失過（即所謂的「時間不逝」），人類們沒有從這過程中得到教訓，仍活在這個分歧對立、殘暴不仁的世界裡（即所謂的「圓圈不圓」），讓生命不完整、不和諧，繼續受命運之神嘲弄。

在片頭老神父喃喃自語：「時間不逝、圓圈不圓」時，他正偕同小神父科特趕赴教堂做禮拜，疾行而過，無視於在教堂外空曠荒地上玩耍的小孩們正圍成圓陣在玩弄烏龜；從片頭延續到第一幕劇的開場段落中，導演特別插入幾個關鍵性的小孩們玩耍的特寫鏡頭，以影像蒙太奇的手法形成交替性影段的表現形式，產生一個「輪替的語意羣」，表徵將教堂內、外的世界同時互為對照。

　　對立批判性的影像語言之呈現，是這部影片的基調。教堂外玩耍的小孩們本應天真無邪而且善良，可是他們正在玩弄子彈、射殺烏龜，讓烏龜翻覆，受困在燃燒的火堆圓陣裡無法脫逃；同時對照下高反差的是，靜謐的修道院裡面正舉行神聖的祈禱儀式，神父們對教堂外傳來的槍彈聲、嬉鬧聲，雖聽聞，卻不以為意，漠不關心。觀影者看到小孩在荒野殘酷不仁，可是大人卻這般沈靜安詳，宛若身在世外桃源，將產生一種殊異的觀感。這一個「輪替的語意羣」裡，導演幾度用特寫鏡頭取鏡圓陣、火堆燃燒、烏龜受困、小孩嬉鬧動作等，或用槍彈聲、嬉鬧聲、火苗燃燒聲響等加強聲音印象，都是一個個在此交相指涉意義的次符碼，加強該影段中影像蒙太奇動態交替的意象，整體形成一個影像符號語意間高反差的橫組合關係，反襯說明老神父說的「時間不逝、圓圈不圓」。片頭那隻受困的烏龜，在第一幕劇中開場影段裡被包圍、狙擊、虐殺，是一種預示；第一幕劇終了時，逃亡的少女最後被自己的叔伯兄弟們找到時，和小神父一起被包圍、再次被她的哥哥狙擊，誤殺身亡，事實上在片頭，以烏龜作喻，觀影者早已經看到這個悲劇人物的下場。

　　所有西方悲劇的要素都可以在這影片裡面找到對應。這部影片裡面塑造所謂的悲劇人物，將西方的悲劇性格處理的很到位。戲裡的主人翁受到命運的嘲弄，而且必然遭受到挫敗，但他們還是不顧命運嘲弄，勇於面向死亡，以及與挫敗抗爭，卻帶來了一個必然失敗的結果（張法，2004）。悲劇可以幫助觀者看到，人在面對命運的嘲弄過程當中人性的崇

高，悲劇也可以幫助我們理解人生的有限性，這都是西方悲劇裡面主要的組成要件。再以第一幕為例，這有限的四天三夜的故事，可以幫助觀看它的人，深思更多，很多意指的概念都是對立反差的存在，以小神父科特來烘托少女潘蜜拉，她的死是悲劇性的。影片中他們兩人的邂逅其實很純情，可是受到命運之神嘲弄，小神父自信他可以保護女孩，並且使其不被他人找到，他卻也踏入被命運之神嘲弄的陷阱當中。正因為神父神職超然的神聖性，對比於他不置身事外擁有人性的一面；事實上小神父就像聖母般的慈悲，散發溫暖的人性特質，他基於人道主義原則藏匿少女潘蜜拉，然而小神父的種種保護行動都已超出世俗道德的評斷，成為導入一位不同族群文化的伊斯蘭教女孩致死的原因，這就是可悲之處。這也是一種辛辣的諷刺，成就一個亙古的迷思。

第四章　霍爾論讀者解碼

第四章　霍爾論讀者解碼

影像對當代觀者影響深遠，會因其如何被吸引注意、被看見、被詮釋的方式而形成意義。影像的意涵在每次的觀看中被閱聽大眾創造，匯歸成對社會與文化現象的後設理解。我們在此所討論的後設理解，是基於約定俗成的社會、文化脈絡的意義進行意指作用，表現出符號的任意性 (arbitrary)原理：對於符號現象的解讀、對符徵的指出引用、如何指涉其所指內涵意義 (connotation)，這些連結方式是任意專制的 (arbitrary connection)、約定俗成的，且是具觀者個人意識型態影響下的構成。

一、三種解讀影像符號的模式

　　回顧 1960 年代的法國馬克思理論哲學家路易斯‧阿圖塞 (Louis Althusser, 1918-1990) 提出「召喚理論」(interpellation)，主張意識型態向每個個人主體召喚，「意識型態呈現的是每個個人對他們存在的真實狀態之想像關係」("Ideology represents the imaginary relationship of individuals to their real conditions of existence.")[1]；反之，如果缺少意識型態，在一個事件中我們將無法思考或體驗我們所謂的「真實」(Evans, J. & Hall, S. Eds., 2004, p. 317)。

　　阿圖塞的學說對電影電視文本的研究格外具有幫助，使當代理論家分析人們在觀賞媒體文本過程中如何了解他們自己。就阿圖塞的看法，個人是受到意識型態的召喚而成為（審美）主體，或者說，意識型態是藉由召喚或改造個人成為主體而發生作用。意識型態建構、塑造了個人的信念、價值和思想，或說是個人將意識型態內化為自己的信念、價值和思想。當個人依這些信念、價值與思想而行動時，會以為自己是自主的主體，卻未察識到自己的觀念、思想其實是意識型態所建構的。主體，成為意識型態的體現者；相對的，眾多主體的思想言行體現了為集群或世代的主流意識型態。

1　作者翻譯，原文見：Althusser, L. (1969), *Mapping ideology*, re-edited as 'Ideology and ideological state apparatuses (notes towards an investigation),' quoted in Evans, J. & Hall, S. (Eds.), *Visual culture: the reader*, 2004, p. 317.

　　此外，義大利的馬克斯主義學者葛蘭西 (Antonio Gramsci, 1891-1937) [2] 提出「霸權」理論 (Hegemony) 代替「多數決定」的概念。葛蘭西認為支配性的意識型態常常以「常識」的姿態呈現，而且伴隨著其他力量的介入，不斷地改變其本質。葛蘭西認為存在於社會主流文化的現象，不斷地反應社會階級的權力鬥爭，統治階級之所以能維持優勢地位與主宰社會，不但靠政治與經濟結合的利益，尚須開創一套得廣為社會接受的霸權文化 (Sturken & Cartwright, 2005, pp.53-54)。在這當中觀者沒有感覺到自己是被操控的，被教導、規範成願意接受統治階級的統治。

　　二十世紀七〇年代後，在大眾文化與傳播研究領域中，英國伯明罕中心的領導人霍爾 (Stuart Hall)，站在葛蘭西和阿圖塞兩位巨人的肩膀之上，進一步提出解讀影像符號的解碼模式，使閱聽大眾思考如何藉著形塑自己的文化霸權以對抗媒體製播者的文化霸權？

　　影像與物件經人為加工後的再創造，是根據意義之關聯性所製成的編碼 (encoding)，觀者可將它放置在設定好的文本脈絡中進一步的解碼 (decoding)。霍爾 (Stuart Hall)，聲稱讀者有三種解讀影像符號文化意涵的模式（Sturken & Cartwright, 2005, p. 57；陳品秀 譯，2009，頁78）：

---

2 葛蘭西主要活躍於 1920 至 30 年代的義大利，但他的想法被廣泛引述且具有高度影響力的時間點卻發生在二十世紀末。

1. 優勢霸權式解讀 (dominant-hegemonic reading)。
2. 協商式解讀 (negotiated reading)。
3. 對立式解讀 (oppositional reading)。

首先，使用優勢霸權式解讀的人，可以說是以相對消極接收資訊的態度來解讀影像。讀者接受主流意義所提供的線索做為解讀的依據。其次，協商式解讀被視為是在讀者、影像及脈絡間協議出意義來。「協商」讓我們可以在進行文化闡釋的過程中成為製造意義的人，而不是被動的接受文化意象。第三，對立式解讀，指陳在解讀物件及影像時，讀者會以批判性的角度來進行，就如同創造反霸權聲明般的對抗主流思想，建構新的認識意義（Hall, 1997；陸揚，2002）。

霍爾 (Staurt Hall) 以符號學、語義學為方法架構來面對大眾媒體文化進行研究，認為受眾（觀眾）按照自己的理解對媒體文本做出闡釋，由於受眾的文化背景、社會關係都不盡相同，所得出的闡釋也可能大相徑庭，進而提出上述受眾面對媒體編碼時的三種解碼模式。霍爾在 *Representation: Cultural representations and signifying practices* (1997) 和 *Visual culture: The reader* (2004) 當中進一步強調「讀者」解釋權的釋放，幫助人們體驗於視覺文化與影像傳播內容之象徵意涵的解碼過程中，展現讀者其自發性與批判性的思考。因此，當代影像的讀者需要機會去拓展他們的經驗，並在理解力、想像力、表現力之間取得平衡，並豐富感知、反思與洞察的能力。這屬一種強調反身性思考之實踐活動，並指向一種逐步整合內在涵義的途徑。

　　因此，雖然媒體編碼者原為其文本提供了特定的解讀方式，但現實生活中只有極少數的觀看者真正佔居這個位置；大部分的的受眾並非全盤接受編碼者的意圖，他們可以接受，可以保留其中的一部分，甚至可能全盤否定。作為主動的解碼者，受眾可以在消費媒體文本的過程中讀出多種多樣的意義來。所以我們可以想像那是一種協議意涵時的互動關係，發生在觀者、影像和觀影脈絡之中。我們使用「協商」這術語，比喻當我們解讀一個反映主流意識型態的影像時，我們常使用討價還價的方式去詮釋它的意義，在心理或認知上辨識媒體文本（圖像╱影像）如何對應主流意識型態之論點，因而形成對其意涵及聯想加以接受與拒絕的過程。

　　針對一個影像的辨讀過程總是發生在有意識及無意識之間。它受觀者的記憶、知識、文化的架構，以及影像它本身和如何對應主流意識型態的方式所影響。在這個過程中，容許特定的文化性及讀者個人的主體意識，對於編碼設計者（製作人）和廣大社會主流的意識型態能有所辨識、改變，甚至產生壓倒主流意識型態的論點；霍爾以「意識形態的**再發現**」為名，稱述這類現象可視為「被壓抑者的重返」（黃麗玲 譯，2001，頁119）。於是，「協商」，是指能容許我們在觀看和解讀時，在影像解碼的過程中，閱聽者於觀看文本關係中是主動的意義製造者，不再是傳統傳播效果研究中是被動的訊息接受者。

二、解讀「百萬獎金」類型電視節目

霍爾強調反身性思考這一種實踐活動的重要性，讓觀看者察覺到編碼者生產的材料、內容與技術性手段和操作方法的「涵義」：意指作用關係。Sturken 和 Cartwright(2005) 在引薦霍爾論點時舉電視節目 "Who wants to be a millionaire？" 為例，這是一種在美國各地或其他國家地區都能看見的普遍級的益智娛樂節目，一般社會大眾只需要一些瑣碎的知識和幸運，就能有機會贏得大量的獎金。電視節目製作人在此用人們（閱聽大眾）都渴望大量金錢的方式編碼，藉著操弄人類普遍的慾望跟人性的貪婪而製播這類型節目。

這節目擴張一般觀眾的夢想，讓他們認為自己像百萬獎金得主般也能贏得獎金。對該節目以優勢霸權的方式解讀時，就會同意其編碼的價值，會認為錢能夠增加人的快樂和社會地位，而且相信所有觀眾都有平等的機會，可能上節目並贏得獎金。然而，這節目在美國各地盛行一時之後衰退，但卻進一步傳播或被其他電視製作人複製其節目型態，仍是非常普遍的存在世界各地，2010 年獲得奧斯卡最佳外語片的印度劇情片【貧民百萬富翁】（Slumdog Millionaire）（克里斯丁·柯森、丹尼·波爾，2008）即闡述主人翁如何在印度德里參與【百萬大富翁】（印度版）電視節目而成功致富之冒險歷程。

很多觀眾是以協商式解讀的方式解讀該節目，他們也許喜歡看該節目，但是他們同時批評該節目突顯人類的貪婪慾

望、希望快速致富的社會指標。甚至，若以對立解讀的方式去解讀該節目，會批評這節目裡雖暗喻可讓每個人有同等機會成功致富，事實上資本主義社會基本上是建構在少數人繼承多數權利與財產的機制之上。此外，美國社會中曾出現批評這節目中大部分參與者是白人，從而反射出這是為美國社會的白人特權階級所架構的論點。再者，這種益智節目除代表粗俗的資本主義意識型態的氾濫外，並進一步貶低主流閱聽大眾的普遍素養，此類型節目它被批評僅使用瑣細的常識性知識形成問題的答案，而悖離我們所理解「知識的建構」方式：知識的創造需具長時間連續累積觀察、思考和研究的成果。

因此，近年國內曾出現臺灣版複製的【百萬大富翁】和挪用其形態衍生出來的知名電視節目【百萬小學堂】（薛聖棻，2008）。作者認為，將這類型電視節目進行互文性的參照和反諷性的標出影像的涵義是重要的。雖然觀眾普遍能在觀看這些節目中體驗益智性和娛樂性，但它確實反映出對片面的、瑣碎的知識加以強記的特質，過程中強調投機性，並強化機會主義者隨機運用常識或知識進行賭博式猜選。作者呼籲，特別是針對於觀眾以小學學習知識內容為主要討論材料而言，其技術面操作下視為「益智性」的媒體文化生產之「內容」進行對立式解讀，檢視國內強調強記、優勢競爭之「填鴨教育」等，對這般意識型態之遺毒進行批判，產生觀者反身性思考觀點是很重要的。

三、反思優勢霸權之意識型態

觀者反身性思考，這是二十世紀末期發展出來觀看世界的特殊方式。既是現代主義傳統的一部分，因為它強調形式而經常被理解為現代主義的延伸，卻也是後現代主義 (postmodernism) 的一環，因為它的跨域性、互文性[3]參照和反身性 (reflexivity)，標示出影像的輪廓 (Sturken & Cartwright, 2005)。

英國傳播學者霍爾的「解碼」論，讓我們瞭解到觀者將與自身的歷史記憶與文化背景相融合，及在所屬意識型態的影響下解讀影像，形成「意指」作用之認識，才能體會影像製碼者 (image producer) 所要傳達的影像語言內容（編碼之符碼），最後賦予其內涵意義。霍爾引述韋倫 (E. Veron) 的論點，說明：「意識形態是一套將現實製碼的系統而非一套已被決定的、符碼化完成的訊息的組合……因此，意識形態相對於其作用者的意識與意向，是擁有自由性的」（黃麗玲 譯，2001，頁 94-95）。觀者背後諸如社會階級地位、文化等這類背景知識、藉以觀看事物時所使用的科技媒介和所涉身觀看的脈絡等這些元素—霍爾論之為「知識框架」(frameworks of knowledge)、「科技基礎建設」(technical infrastructure) 和「生產關係」(relations of production)—都會

---

3 在流行文化裡，互文性 (intertextuality) 指的是某文本在另一文本中以反身性的方式所進行的意義合併 (Sturken & Cartwright, 2005, p. 358)；參：陳品秀 譯，2009，頁 404。

影響觀者於解碼過程中如何體驗文本，與最後如何賦予符碼「涵義」(Sturken & Cartwright, 2005, p. 353)。

賈克‧瑪奎 (Jacques Maquet) 進而從人類學的觀點告訴我們，人類普遍性的在觀賞視覺圖像或標誌的造形等視覺經驗中，可以了解到對符號產生的美感是社會結構下的產物，並在不同的社會脈絡下得以改變符號的型態與意義：設計者的風格反應符號的造形性；然而，觀看者的喜好性反應符號的變動性，其審美判斷由人類所習慣的美學風格而決定，將依據時代風尚反應符號的機能與思想，辨識主題的內涵寓意（武珊珊、王慧姬 譯，2003）。

因此，後現代主義的知識場域中我們所觀察到符號的意義是浮動的、多元化、混合的，使知識論述者從操縱人的理性與對優勢主流意識型態產生總體性 (totality) 的迷戀中覺醒，跨越「優勢霸權式」解讀，進入後現代意義浮動的多元化世界中，多以「協商式解讀」方式解碼。今日資訊傳播科技匯流、媒體文化的日益興盛更加助長這一現象，就像布希亞 (Jean Baudrillard，1929-2007) 所言一切皆為複製，並且這「擬仿物」(simulacrum) 比真實的現實更真，所以在某個層面上，觀者的我們已經在解讀符碼的過程中建構一個新的價值觀：不依附傳統的、固定的表達方式，而是以拼貼、折衷的表達形式出現，以動態的多樣化呈現意義。

影響當代觀者的後現代主義之知識模型，一方面與過去的現代主義之知識模型一樣，要求有一目的和一種結果，但手段和過去截然不同：過去現代主義者要求論述之清晰明確，

在後現代情境中觀者則被要求顛覆和解構；過去現代主義論者在批判時要與對象保持距離，而後現代式的顛覆和解構則是一種寄生態度，依附在將被顛覆的系統中來瓦解這系統。這將形成為一種主體自覺性的行動，允許觀者對事物或現象多重會意，且在後現代情境中歡迎混亂和歧義，因為只有在混亂中才會產生綜合性的問題，可誘使觀者反思既有的優勢霸權意識型態所產生的包袱，在實際解讀符碼之操作的過程中才可能從傳統中解放，建構新的價值（林懷民，1976）。

　　符號學者以理論洞察力去領會符號與符號之間的關聯，此間當然不是每個關聯都有正當的或深奧的意義，有的是無意義的，有的只是隨便的，有的卻是必然的，有的看似恣意不合理但卻成為強而有力的洞視，令那些「極佳讀者（觀者）」可細心揀選關聯、吟味寓意。符號學者在後現代主義場域中，由範疇混雜、種類混合、部屬交叉而形成的現象中檢視意義，從中使意義的指陳在眾多審美主體間交互產生的詮釋之上形成論述。

第五章　後現代的觀看策略：
　　　　「擬像」、「延異」、「挪用」

一、「擬像」、「延異」、「挪用」之定義

二、文化挪用與古今映射

三、影像複製時代藝術的意義

第五章　後現代的觀看策略：
「擬像」、「延異」、「挪用」

　　在當代數位化時代裡，存在於媒介文本中的語言、文字、聲音、影像等皆以可被流通、共用的數位形式存在，數位藝術家與設計工作者從中找尋適當的創作元素，使能傳遞著藝術的美學語彙。張恬君提出：「以往的藝術創作是從無到有，現在有非常多現成物件、現成影像可供直接使用，如何有覺知的選擇創作元素，成了重要的議題」（2003，頁 105）。數位影像的特徵，就是能夠創造一種不可能存在的狀態，但觀者卻能夠藉著數位藝術，藉由虛擬的視覺、聽覺等感官體驗，結合真實的觀看與操作媒介工具的經驗，感知一種虛假的真實（林珮淳、莊浩志，2002），如同蘇珊・桑塔格所

稱的「影像世界」(the image-world)，即是一個「擬像」的世界 (Evans, J. & Hall, S., 2004)。

一、「擬像」、「延異」、「挪用」之定義

法國當代思想家布希亞 (Jean Baudrillard，1929-2007) 在《擬仿物與擬像》(Simulacres et Simulation) 一書中提到：「真正有效的永遠是擬像，不是真實」（洪凌 譯，1998，頁117）。布希亞對「擬像」與「擬仿物」(simulacrum) 進一步詮釋：

> 當一個物體完全相似於另一個的時候，它並不真的像，因為它有點像得太道地了！……如同對於精確合成物、或是真實之復生的幻想，是可能的，它再也不屬於現實，它早就是超度現實了。如此，它再也沒有任何生產的價值，總是只有擬像的價值罷了。它並不是一個精確無誤的真實，但卻是一個具有僭越性的真相，早就在真實的另外一邊發生。在真實的另一邊，不盡然都會是虛假的。但是，它會比真實更加逼真，比真相更加地擬真。（洪凌 譯，1998，頁212）

這一段文字中表達的是，擬仿複製自然造化之工後的作品並非紀錄一個精確無誤的事實真相，雖然指涉著原初的本質或許不變，但再現的影像 (representation of images) 卻有超越真相的可能，因為由擬像堆積而成的擬仿物往往比真實更

加擬真，更具有人文表達意味，即使因而將使得真相反而處在虛化的地位。

　　當代觀者「觀看」再現的影像與「觀照」其內涵意義的過程中，亦受後現代主義中法國當代哲學家德希達 (Jacques Derrida, 1930-2004) 所提出的的解構主義重要觀點：「延異」(différence) 一詞影響，指陳影像符號在跨越媒介時轉碼，其間「現存（作品）」不斷地被破解，因而不斷地產生新義；且「現存（作品）」短暫逗留後隨即成為過去，詮釋「文本」其語意無法成為單一或唯一的陳述來反應真實，反處於無盡的不穩定狀態中（陳英偉，2000；陸蓉之，1990 & 2003）。

　　後現代解構理論的奠基者德希達，借用海德格「存有與時間」中的「毀壞」概念，探究西方傳統上所認為的藝術理論、藝術的本質，將已經被結構化的假設，加以思考，並提出反駁，奠定解構主義之基礎。德希達解構《繪畫中的真理》(*The Truth in Painting*, 1987)，在序文中分析人們毫無異議地假設有一組被稱為藝術品的事物存在，相對的，哲學家、美學家們也假定必定有種事物可以用「藝術」來指稱，而且用藝術理論來解釋這種單一的現象，也總是將藝術的本質視為相同，用語言來闡述其普遍性的意義；德希達提出這些「藝術」文本正藉由基本的假設，在人們無意識中形成結構，讓觀者成為必須能被它們一開始訂出的規則所控制和束縛。他因而詰問：

為什麼不假設「藝術」是一個多義詞，不但具有多重意義，而且還不能被其中任何一個單獨意義涵括？[1]

德希達提醒觀者反思：

我們的預設立場首先暗示「藝術」可以被達成，只要沿著字眼、概念和物件三條路走即可，或是重回符指、能指和意指的老路，或甚至是靠著呈現和再現之間的一些對立來完成「藝術」。[2]

我們一般都將藝術理解為物件，並聲稱可區分出其在意義、不變性，以及外部變化的多樣性。…我們將「藝術」這個標誌給了很多在歷史上陸續被人認識的詮釋系統。[3]

多義性與差異性，應用在現今藝術的創作上，便是反應出再製作者或觀者將原創作思考本意加以分解，然後重組成新的面貌，破壞物件之間原有的關係，使原有的視覺符號延異，並產生多義性，此旋即導出後現代理論中重要的符號解讀策略：「挪用」。

「挪用」，或稱做權充，在後現代藝術中是普遍的作法，產生所謂的「權充藝術」：直接擷取挪用歷史、現世裡既有的形象，從過去的風格模仿繪製同樣風格的作品，或是直接

1　參見：華騰伯格 編著（2004），《論藝術的本質—名家精選集》，第二十四章〈德希達：藝術即解構〉，張淑君等 譯，五觀藝術，頁2。
2　同註1，頁8。
3　同註1，頁9。

抄襲轉用現有的影像，採用迂迴假借的表達方式，將原有的意義空置、轉置，抽取或踢除原有的權威性及迴響（陳英偉，2000；陸蓉之，1990 & 2003），再賦予新意義。普普藝術 (Pop Art) 是運用「挪用」的先驅，產生許多具代表性的作品和議題，讓人類重新審視作品創作與意義陳述時可依據的新興策略。美國賓州藝術家安迪・沃荷 (Andy Warhol, 1928-1987)，他大量的挪用商業流行形象，如康寶濃湯罐、可樂瓶、明星瑪麗蓮夢露肖像等；而在美國紐約，李奇登斯坦 (Roy Lichtenstein, 1923-1997) 作品中挪用的對象則包含了大眾流行文化圖像（如漫畫）與歷史圖像。

　　普普藝術家們將作品以複製品的形式大量生產，與過去現代主義者強調作品的原創性、獨一無二之藝術品至高無上的價值，形成強烈的反差，這正就是後現代藝術的特徵，強調去中心化並追求多元化（林玫君，2005）。使用挪用手法進行創作的後現代藝術大家包括：羅勃・朗哥 (Robert Longo, 1953-)、雪莉・樂凡 (Sherrie Levine, 1947-)、漢斯・哈克 (Hans Haacke, 1936-)、辛蒂・雪曼 (Cindy Sherman, 1954-)、大衛・沙爾 (David Salle, 1952-) 等等，都是典型的代表人物（黃麗絹 譯，1997；陸蓉之，2003）。

　　再者，在當代的影像世界裡，隨著資訊科技的進步與不斷創新，讓所謂的觀眾與作品、創作者間有更進一步的接觸，「互動」便成為藝術創作中一項重要的設計元素。冰島國家美術館館長梅根 (Margret Elisabet Olafsdottir) 認為，互動藝術目的是：使觀眾在創作的過程中，成為主動的參與者；這

與傳統的藝術欣賞者，被期待被動的凝視著藝術作品沉思，顯然是對比的概念（張白苓，2007）。在數位化時代，藝術與設計的思潮主要是在對於文字語言與圖像關係的互動交織的知識結構中形成的，並尋找置身脈絡中的存在意義，透過符號學系統將社會意義與藝術作品加以結合，試圖建立藝術在社會脈絡的意義。從符號學的觀點來加以探討，更是數位時代下使藝術創作成為訊息傳播中不可或缺的形式與意義層次的追求方式（張恬君，2003）。

二、文化挪用與古今映射

在當代臺灣，袁廣鳴在 2008 年於座落在桃園國際機場出境大廳之國立故宮博物院「未來博物館『過去—未來』」展覽館中，以多媒體影像和互動科技裝置，呈現對所謂的臺北故宮重點文物典藏意象之後設詮釋，與國際旅客溝通。他的系列作品其一，以「映射中的迴影」(Echoes of Reflection)為名，根據清朝乾隆朝時期「霽青描金游魚轉心瓶」的原作，重新複製成一個胎體全白的複製品；藉由觀者與袁廣鳴裝置的器物作品互動時，將自動開啟在瓶身下方映射出來的多媒體影像，從倒影之中仔細的觀看，除了會出現原來「霽青描金游魚轉心瓶」原作之靜態視覺造形特徵，還表現出其瓶身內部有游魚迴轉的動態視覺影像特徵（圖 5-1）。

觀者產生與在臺北市外雙溪國立故宮博物院內觀看原作時迴異的經驗值，相對的，袁廣鳴借用新興表現媒介，在此

展覽情境中設定觀者可觸摸到的範圍內一組「媒體家具」上一個全白胎體的花瓶器物，為挪用古典歷史風格之變體。這一個實體相對於原作，即是布希亞所稱的「擬仿物」，為虛象；然而，前述的「一個具有僭越性的真相，早就在真實的另外一邊發生」，在其倒影之中，似乎就出現了一個如夢似幻、真實的影像，並有游魚在其中旋轉，此情景相對成為「比真實更加逼真，比真相更加地擬真」的「擬像」，為實影。

　　觀看接觸之間，雖說可見的是投影映射的虛影，卻是一種精巧絕妙的設計，使觀者感受到藝術家正採用迂迴假借的表達方式，讓觀者思考布希亞所稱「真正有效的永遠是擬像，不是真實」的議題，將原有的意義空置、轉置，產生亦「實」亦「虛」的表象意涵（外延義）；又見藝術家抽取或踢除原有故宮典藏器物的權威性，讓觀者在「虛實之間」、「古今之間」（內涵義）的迴映關係上，延伸思考「虛實」對立且相互補充之哲學命題，洞視其人文思想表達意味，更見迴響。

　　進而言之，挪用 (appropriation) 有「借挪移用」被置於邊緣地位或是「他者」(other) 地位的異質文化當中的觀點（林玫君，2005）。亦即，挪用是取其他文脈中既存的影像和圖像（如藝術史、廣告、媒體等），再結合成新的影像和圖像，而後創作出新的作品的方法；此借用的型式可視為「拾得物」(found object) 的平面性同義詞（黃麗絹 譯，1997）。可說在後現代藝術的挪用表現中，並不是單純的將「尋得」的影像或圖像嵌置於一件新的「拼貼」式 (collage) 作品中，而是將尋得的影像或圖像透過重新截取局部、調光、佈置位置等

方式再加工（黃麗絹 譯，1997）。袁廣鳴更大膽的將「借挪移用」的手法反應在其作品二：「映射中的回影」(Shadows of Reflection)，以臺北故宮所典藏的西周到春秋時期被稱作「人足獸鋬匜」[4]的銅器為發想來源，利用動畫的效果製造出幻想的場景（圖5-2）。觀者可看到四個站立的人突然行走出來，或是作為柄的獸好似在水中悠遊地打轉，亦或水注溢出來形成的漣漪，當然這些虛影(shadows)，因其表現形式，呈顯抽空原有的時空脈絡關係之形象，亦是在詮釋「古今迴映」之效果。再論中華文化中對立且相互補充之哲學命題，在此也有對比於水的火焰出現，以「水火相濟」之姿，讓人在觀看影像藝術中想像力延伸！

袁廣鳴此系列選取中國古代時空脈絡中既存的古典物件或圖像，再結合成新的影像，而後創作出當代新的媒體藝術應用作品，與今日國立故宮博物院創新品牌氣象相呼應。觀看他的作品，並不是單純的將傳統的元素置於一件新的隨意「拼貼」文化語意的影像作品中，而是將其透過重新截取局部、調整光影明暗調性、轉換佈局位置等方式再加工，產生文本「涵義」之「延異」；反應他依循後現代藝術中的「挪用」策略，在此可視之為「文化挪用」。此「拼裝加工」[5]之做法，

---

4 「人足獸鋬匜」為注水的工具，其特徵為人足、獸形柄，四隻腳由站立的人所頂住的銅器，並有獸作為它的把柄。

5 「拼裝加工」(Bricolage)，是影像創作者在後製過程中著重的表現手法，是一種「再挪用」(re-appropriation) 的手法；它是一種「任意拼湊」、「隨意組成」的風格，藉各式各樣的物件臨時湊成組合，而使彼此之間產生新的意義 (Sturken, M. & Cartwright, L.，2005，p.64)。

突顯在視覺文化研究相關領域裡，新媒體藝術家由於受到後現代理論、符號學、解構主義等的影響，所謂以挪用手法建構新的影像意義，指的是拷貝複製或解構再製其他不同媒介文本脈絡中經典作品之全部或部分，重新編碼組合，並且賦予新的複合式的意義。在這種將不同元素的東西湊在一起的過程，原始文本的意義即被架空或遭轉嫁，在此為擴充文本的本質，加以轉借的手法，使能塑造一種新世代意識型態的迴響 (Sturken & Cartwright, 2005)。

三、影像複製時代藝術的意義

德希達在其解構論述中揭露：

> 當我們以「藝術品」為標題時會發生什麼事？這個標題的普通概念是什麼？它的發生（還有何處？）與作品有關嗎？在邊緣上嗎？超過邊緣嗎？在內部的邊緣嗎？在一個再標記和再應用的超版面內，藉由套疊，在假定的中心和周邊之內、之間？或是在被框住和框架內的框框之間？[6]

藝術無疑地是描繪出藝術家理念的產物，在一個循環中返回知覺和認知，並藉由返回自身達到它自己適當的位置。

---

6 參見：華騰伯格 編著（2004），《論藝術的本質—名家精選集》，第二十四章〈德希達：藝術即解構〉，張淑君等 譯，五觀藝術，頁11。

在一個循環狀態中，上述的「映射中的迴影」(Echoes of Reflection) 和「映射中的回影」(Shadows of Reflection) 作品，是什麼意思？套用德希達的問法，這兩個標題的普通概念是什麼？它們的發生（還有被展示或放置在何處？）與臺北故宮典藏作品之關係何在？2008 年六月起，桃園國際機場出境大廳四樓，國立故宮博物院「未來博物館『過去─未來』」展覽館內，觀者駐足辨思著：「這裡存在著」兩件媒體家具、或「『霽青描金游魚轉心瓶』和『人足獸鋬匜』出現」、「『霽青描金游魚轉心瓶』和『人足獸鋬匜』呈現自身」等等，在哪些方面具語意的不同？

「映射中的迴影」(Echoes of Reflection) 和「映射中的回影」(Shadows of Reflection) 不僅是一個「『霽青描金游魚轉心瓶』和『人足獸鋬匜』」的再現，也是一個視覺轉義，對應「虛實相生」、「古今迴映」的有機整體的隱喻。如同德希達所言視覺轉義之衍生物：

> 發展「自它本身的概念」。沒有少掉使其成為「返回自身」的整體的任何一樣東西……有很多藝術品，它們在我們面前再現。但它們是如何被認可的呢？…[放任，laisser] 是什麼意思（(laisser) voir [容許看（或被看)]，(laisser) faire [容許做（或被做)]，voir faire, faire voir, faire faire[使得（某事）被做]…）[7]

---

7 參見：華騰伯格 編著（2004），《論藝術的本質─名家精選集》，第二十四章〈德希達：藝術即解構〉，張淑君等 譯，五觀藝術，頁14。

　　德希達宣稱 laisser 這樣的過程「不是去攪亂藝術的類型,而是去擴展隱喻。你永遠可以嘗試:形式的問題。」[8] 在藝術自身被再創作的活動中,忙著安置元素、支配主題之處,形成一個真實的擬像世界,讓意義在被觀看中無限延異,「充滿深淵 (mise en abyme)、填滿深淵」[9]。

　　二十一世紀的我們正生活在一個傳播科技無遠弗屆,資訊快速分裂、複製與交換的年代,在後現代主義的知識場域中我們所觀察到的意義是浮動的、多元化的、混合的,知識論述者從操縱人的理性與對總體性 (totality) 的迷戀中覺醒,跨越進入後現代意義浮動的多元化世界中。後現代的知識模型顛倒過來強調弔詭,藝術的絕對自主性在此種困境下消亡了,取而代之的是弔詭,是一種「似非而是」的,所看到的都與傳統背道而馳,但在此實際操作的過程中才可能建構新的價值。

　　猶太裔德國馬克思主義哲學家與文學批評家華特‧班雅明 (Walter Benjamin, 1892-1940) 在 1936 年發表〈機械複製時代的藝術作品〉(The work of art in the age of *mechanical reproduction*) 一文[10],宣稱在機械複製時代下,一旦藝術作品不再具有任何與藝術本質相通的儀式的功能便只得失去它的「靈光」(aura) (許綺玲 譯,1999)。班雅明的主要論點在

8　參見:華騰伯格 編著(2004),《論藝術的本質—名家精選集》,第二十四章〈德希達:藝術即解構〉,張淑君等 譯,五觀藝術,頁18。

9　德希達陳述「『這是一個深邃或一個 mise en abyme』型式的時刻,似乎破壞了整體到部分關係的不穩定性」。同註 8,頁 13。

10 引自 The work of art in the age of mechanical reproduction , in *Visual culture: the reader* , Evans, J. & Hall, S. Eds., 2004, pp. 72-79.

於說明藝術品的機械複製，已經造成藝術「氣韻」(aura) 的消失；他試圖用「氣韻」一詞捕捉早期社會人們在宗教背景下，對藝術品所產生的虔敬之感，稱為藝術品的「祭儀價值」(cult value)，與「展示價值」(exhibition value) 不同[11]。然而，

> 隨著多種藝術品複製技術出現，藝術愈加適合展示，以致在前述兩極（祭儀價值與展示價值）之間的量變導致質變。…今日亦是如此，藉由對其展示價值的絕對推崇，藝術成為具有眾多全新功能的創作，在這些新功能中，我們所熟知的藝術功能，往後或許會被認為是附帶功能。[12]

　　以類似複製的挪用手法拍攝、製作的影像媒體藝術或廣告物，是否就真的消失了氣韻和靈光，或許不然，在影像藉機械複製的時代趨勢下，使得挪用、複製的手法成為值得研究探討的領域之一。藝術創作中的挪用手法自古以來不但一直存在，一直以來亦未消弱，藉由挪用進行擬像複製與形成觀者反身性批判更是後現代藝術的特質之一，靈光或氣韻，對應著藝術原作作品現存的原真性 (authenticity)，擬像與擬仿物是觀者跨越歷史與文化脈絡關係，古今映照之觀照反應，似乎就在「複製真相」後再加工的過程中，開始展露。

---

11 引自 The work of art in the age of mechanical reproduction , in *Visual culture: the reader* , Evans, J. & Hall, S. Eds., 2004, pp. 76-77.

12 華騰伯格 編著（2004），《論藝術的本質─名家精選集》，第十五章〈班雅明：藝術即氣韻〉，張淑君等 譯，五觀藝術，頁 11。

　　1976 年學者約翰‧克拉克 (John Clark) 即已強調，當任意拼湊者 (bricoleur) 使用相同的整套符號，將表意的物體重新安置在該話語中一個截然不同的位置時，或運用在另一套不同的符號體系中，將會構成一種新的論述，並傳遞出不同訊息（蔡宜剛 譯，2005）；這樣的說法可以用來解釋，當原本的物件（符號）在被挪用後，其本義也在過程中產生新義，形成另一種解讀方式。因而，**「擬像」、「延異」、「挪用」**都是後現代論述觀看文本的重要策略。

　　解讀影像藝術中呈顯現象！為了解影像在特殊歷史與文化脈絡下真正或具體的功用，法國文學理論家羅蘭‧巴特相信唯有「觀者」才是構成藝術作品或文本意義的真正要角。當今影像生產、展示與傳播模式將如何影響藝術真正的本質？為釐清影像藝術或設計在現今社會中所扮演的角色，本書接下來論述觀者—**符碼釋義的跨域實踐**—案例討論中包含了將自身文化傳承中的古典文物、詩詞、宗教圖像和典籍進行文化挪用，或是將當代流行生活經驗中的消費符碼、文化符碼等視覺符號，進行一場隨意組合的拼裝加工工程，藉由衝突性的搭配，使得觀看作品時使觀者是在接近一個個「具有僭越性的真相」（擬像），引領觀者亦可透過自身的觀點，進行後設解讀，產生多義歧義的解讀體驗；而在這樣的解讀過程中，文本亦正不斷地產生重組與延異，面向觀者（讀者）開放。

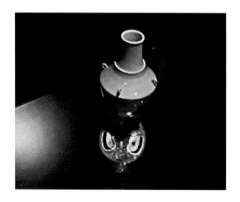

圖 5-1：　袁廣鳴 (2007)，[映射中的迴影](Echoes of Reflection)。
　　　　　多媒體影像。桃園：國立故宮博物院未來博物館。引
　　　　　自 http://www.npm.gov.tw/exh97/future_museum/html/
　　　　　index33_ch.html（2013 年 1 月 20 日瀏覽）。

圖 5-2：　袁廣鳴 (2007)。[映射中的回影] (Shadows of
　　　　　Reflection)。多媒體影像。桃園：國立故宮博物院未
　　　　　來博物館。引自 http://www.npm.gov.tw/exh97/future_
　　　　　museum/html/index33_ch.html（2013 年 1 月 20 日瀏覽）。

符碼釋義的跨域實踐

　　二十世紀末「符號學」已遠遠跨越所從出的哲學語言學系統，連結到與更廣大的知識動能領域如宗教、社會、政治、經濟等發生關係，並被廣泛導入當代視覺傳播與影像設計應用領域，如探討：符號設計與視覺語言、影像的語意與文化符碼等，以符號使不同文化及社會背景的人們感知對象物所具有的意涵，成為一種打破語言隔閡的通用性活動，從中解讀影像作品構成的語意、語法及語用脈絡意義。事實上，人們如何藉由視覺經驗陳述或知覺共同經驗的事物，都是影像編碼者（設計者們）關注的重點，並可依據此類討論了解如何設計符號相關的表徵、語意的溝通效能，和符號在視覺文化傳播遞延過程中間所產生的文化差異性。

　　接下來在**符碼釋義的跨域實踐**各章中運用符號學觀點對於影像意符與意指進行個案解讀，它包含了影像中的語言

符號和非語言符號，以及如何解構其相關編碼運作的規則，可幫助影像設計者和觀者藉由影像文本進行思考與交互的溝通。前述從不同學科應用領域，檢視與梳理人們如何解讀影像語言意符與意指的相關論述時，自然會發現符碼具鮮明的可跨域特性。如同當代藝術史學者約翰・克拉克 (Clark, 1998) 所言：

> 作品與詮釋之有意義的關係上，這種關係由後設符碼 (meta-code) 與歷史的變異所編碼。後設符碼是連結藝術作品與理念的方式，對某一歷史片斷特別有意義與廣泛的陳述力。它提供我們關於一群藝術作品的意義，及作品對過去重要與對現在持續衝擊的理由；它也讓我們連結藝術作品到更長期的藝術史與更廣的領域如宗教、哲學系統，社會、政治、經濟、知識動能。[1]

---

1 翻譯引述自：廖新田 (2008)，《臺灣美術四論》，臺北市：典藏，頁 167。

第六章 「班尼頓」(BENETTON) 的創意廣告語意

一、「班尼頓」(BENETTON) 的商標

二、 1988 年班尼頓廣告「哺乳篇」

三、 2011 年班尼頓廣告「遏止仇恨篇」

第六章　「班尼頓」(BENETTON) 的創意廣告語意

　　有別於現代主義的世界觀以及處事方式，今日後現代主義之觀者：

> 批判普世主義、當下觀念、統一且具自覺性的傳統主體觀以及現代主義的進步信念。⋯在流行文化和廣告領域中，『後現代』一詞指的是與反身性思考、不連貫性和拼貼有關的技術，以及把觀看者當成厭煩的消費者並以自覺性的後設溝通向他們發聲。[1]

1　原文參：On "Postmodernism," Sturken & Cartwright, 2005, p. 363. 譯文見：陳品秀 譯，2009，頁 410。

　　以此論述立場，觀察在流行文化生活經驗中可觸及的影像文本，除依符徵的拆解可做為分析影像「能指」，賦予影像文本中主題圖像與文字「所指」（意指）的方式加以討論，還針對視覺符碼元素之解讀取決於物件被誰觀看，如何被呈現與置放的媒體文本形式，加以討論意義如何組成。此即所謂的「後設溝通」(Metacommunication)[2]，其中藉跨領域、跨媒介或跨文化的差異解讀動能，使其符碼「轉義」，繼而興發有意味的語意之轉換。本章中列舉班尼頓公司重要的商業廣告物，分析如下。

一、「班尼頓」(BENETTON) 的商標

　　觀看義大利國民品牌「班尼頓」(BENETTON) 的創意廣告，就視覺傳達符號圖像的角度而言，其廣告物不僅是具有色彩及圖案的表徵，更重要的是其所潛在的意義，即影像意涵，和傳達訊息的功能。從視覺符號的構成要素組成：圖像、文字、色彩、廣告宣傳環境來談，在廣告設計應用上，符號的編碼者（設計師們）使用最少的色彩加以配色以達到注目性，並運用文字形成另一種具有視覺性的記號象徵，過程中產生出具有跨文化性的繪圖文字 (pictogram) 的具體意義（康台生、呂靜修，2007）。據此，義大利國民品牌「班尼頓」(BENETTON) 的商標標誌設計，由綠底單色長條狀

2　以觀看者觀看文化產物的行為本身做為主題的一種討論或交流 (exchange)。所謂的「後設」層次，就是溝通的反身性層次 (reflexive level)。參：陳品秀 譯，2009，頁 406。

形式構成圖像呈現，與橫置其上的附加語 "United Colors of Benetton" 文字複合，傳達品牌的核心概念： "United Colors" 含有歧異的語意，一方面敘述多色彩概念，另一方面則表述多種族、有色人種的意涵，其本身語意帶有複合且多元存在的狀態；置前的 "United" 是形容詞，描述繽紛色彩被 "United" 團結一致地呈現，讓人推斷其品牌精神傾向匯歸於認同世界大同理想、種族融合的核心概念。班尼頓透過 "United Colors of Benetton" 商標設計將公司自身做了明確定位，在品牌形象廣告中涵括討論對應社會與政治的意識型態內容。班尼頓公司確知，

> 如何「簡化」造型，以達到視覺美感的目的，透過簡單且造型意識強烈的符號，以達到符合主題概念的表徵形式是一門重要的學問，如此才是符合標誌符號所欲傳達的正確概念，所謂標誌符號的表徵，其實就是符號的面向及表情。[3]

進一步觀察過去在美國所購買的「班尼頓」淺藍色棉T上，印花圖案設計者取用商標文字 "UNITED COLORS OF BENETTON" 將它轉碼 (trans-coding)，呈現為 T 恤主圖案中具手繪感且與蘋果圖形嵌合之紅色的變形文字內容，視為重新挪用商標文字為符碼，將文字視覺化，並創造出全新

---

3 見：康台生、呂靜修 撰（2007），〈視覺、標誌符號與表徵〉一文，《設計研究學報》創刊號，頁 87。

意義的設計實踐，因而文字成為另一種具有視覺性的記號象徵，具有普普風格的繪圖文字 (pictogram) 的具體意義（圖6-1）。此外，運用索緒爾符號學的論述方法，觀察在二十世紀末，作者所居住的美國社會裡早已群聚黑、白或多色人種之混血世代 (hybrid)，在這樣的社會脈絡下，這件棉 T 是在美國流通的商品，上面的印花圖樣可視為班尼頓服裝以普普風格的繪圖文字這一特定的「能指」表現形式（符徵），加以隱喻美國為「種族大熔爐」（" a big apple pie "）這個「所指」的內涵意義。

二、 1988 年班尼頓廣告「哺乳篇」

1988 年，Oliviero Toscani 為班尼頓公司設計一個經典廣告，畫面呈現一位赤裸的黑人女性，擷取其頸部以下至胸部的軀體部位，女性手中懷抱一位赤裸的白人嬰兒，背向觀看者，正在吸奶，班尼頓的綠色長條狀 LOGO 則置於整幅廣告左方（圖 6-2）。畫面中明顯呈現的三個主要符徵分別為：黑人女性胸部特寫、白人嬰孩，以及班尼頓商標；次級符徵則包括：紅色毛衣、黑人抱嬰孩哺乳的姿勢、白皮膚嬰孩正在吸奶、LOGO 的圖文呈現形式和用色（綠底加白色標準字的商標做統一性的記號使用）等。

依據索緒爾論點將廣告文本中指涉對象其主要符徵之組成加以拆解，分析其影像文本意涵（表 6-1），主題人物以開啟裸露之姿面向觀看者，反應在二十世紀八〇年代末期至

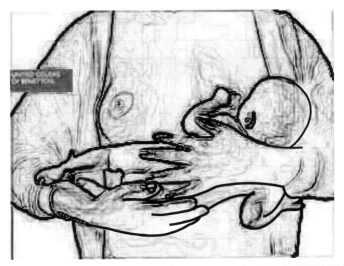

圖 6-2：1988 年「班尼頓」廣告「哺乳篇」示意圖（潘威霖繪製）

表 6-1：1988 年班尼頓廣告「哺乳篇」之符徵與符指分析

主符徵 (E1)	符徵分析		符指 (C1)
黑人女性胸部特寫	裸露的胸部特寫	面對觀者裸露的	照顧哺育者
	開啟的紅色毛衣	品牌服裝商品，對比商標之用色	品牌商品使用者
	懷抱嬰孩哺乳的姿勢	承托的手姿	
白人嬰孩	白皮膚嬰孩正在吸奶		被哺育者
班尼頓商標	LOGO 的圖像形式和用色	綠底單色長條狀構成	具統一性的、簡潔的商標風格和形式，嵌入在主題人物臂膀上方做品牌標誌記號使用
	"UNITED COLORS OF BENETTON"	分兩列字母大寫白色印刷字體之標準字	

（本書作者分析並製表，參考資料來源：1988 年班尼頓廣告「哺乳篇」，圖像引自 Sturken, M. & Cartwright, L. *Practices of looking: An introduction to visual culture,* 2005, p.41.）

九〇年代的班尼頓公司，透過此平面廣告以「紅與綠」、「黑與白」高反差之色彩意象與美學風格，表達出特指的意識型態觀點，宣傳品牌對弱勢族群的關懷、對優勢霸權的批判、人道精神的傳揚、種族融合與世界一家等概念，形成其風格鮮明的品牌精神。

　　上述索緒爾式的符徵對應符指的分析，事實上可視之為羅蘭・巴特對指涉物表現形式「外延義」的討論內容，進而擴充到反應觀者意識型態、社會、文化脈絡之「涵義」（內涵意義）的討論（表 6-2）。

表 6-2：1988 年班尼頓廣告「哺乳篇」之外延義與內涵義分析

主符徵	外延義 (E2)	內涵義 (C2)
黑人女性胸部特寫	照顧哺育者隱喻品牌商品使用者	召喚觀者認同關懷弱勢族群、批判優勢霸權，聯想其強調種族融合的品牌調性
白人嬰孩	受哺育照顧對象	召喚觀者反思，批判白人主流意識型態霸權，聯想其強調種族融合的品牌調性
班尼頓商標	統一簡潔的商標風格和形式，嵌入圖像做宣揚品牌形象之標誌記號使用	宣示品牌精神：關懷弱勢族群、批判優勢霸權、傳揚人道精神、強調種族融合與世界和平

（本書作者分析並製表，參考資料來源：1988 年班尼頓廣告「哺乳篇」，圖像引自 Sturken, M. & Cartwright, L. *Practices of looking: An introduction to visual culture,* 2005, p.41.）

　　在辨識圖像、影像並作後設理解的過程中，有一些內容會引發爭議，起因於它被觀看的社會、政治、文化脈絡的異同。班尼頓的上則廣告影像，具有種族議題的聯想意涵，對

九〇年代初期的美國人而言極具爭議性，廣告的文案語意雖設定為種族融合，然而，如是視覺符徵元素之安排是否堪稱種族融合，值得進一步探索。視覺符碼元素之解讀，取決於物件被誰觀看，如何被呈現與置放的媒體文本形式，從中才得以討論意義是如何被組成的。事實上，此廣告推出後，引起美國社會一陣譁然，被當時輿論及社會大眾所排斥，旋即被禁刊；然而，同樣的圖像在歐洲卻沒有引起類似的反感，歐洲各國和美國民眾對同一廣告的社會反應大不相同。在美國，這則廣告物容易在對應特定的「黑（弱勢）、白（優勢）對立」的社會脈絡下被觀看，可追溯至美國「黑、白族群相互撕裂」的歷史傷痛經驗；因而人們對此宣揚「種族融合」議題之廣告物可能出現認同的、協商的解讀，或極端拒斥的不同意見。不認同班尼頓這則廣告甚至「對立式解讀」者，可能趨向批判白人的種族優越感，較難接受黑人女性為廣告代言人，卻佔居相對為弱勢的褓姆 (nanny) 身份，以懷抱的姿態照顧餵哺白人小孩，其持有的意識型態為反思白人主流意識型態霸權，認為廣告圖像亦可能引出鄙視黑人的意味，挑起回應種族惡鬥、南北內戰以來的歷史傷痕，難以聯想其廣告設計者以反身換喻的方式強調種族融合的品牌調性。

　　影像表現上，視覺元素涵括色彩應用、調性設定、明暗程度、版面編排、構圖方式、透視、呈現影像的風格…等，都是設計師編碼時考量的要點。在這「哺乳篇」標題和 "UNITED COLORS OF BENETTON" 商標文字標誌下，有某種立場、觀點，我們需由相關社會背景資料解碼這個

圖像如何被製造、時空環境、所呈現的社會狀態；其被放在流行雜誌時，呈現出新的意涵，具有誘使觀者做特定的價值判斷，使得影像本身成為是一個文化符碼，意味著人種、性別的討論，顯現出設計者可能沒有意識到的涵義，結果引起社會譁然。然而，若將之視為一種「後設溝通」(Metacommunication) 影像文本，跨時空地域、跨文化的使其符碼「轉義」，繼而可興發有文本脈絡意味 (contextual) 的語意之轉換。

事實上，今日的美國社會群聚黑、白或多色人種之混血後代 (hybrid)，在被喻為 "big apple pie" 種族大熔爐中，看來黑人女性身為白皮膚小孩的母親實有其可能性，同樣的一對黑白聯姻之父母其不同膚色的基因可單獨出現，使在一個家庭中同時存有貌似純種的黑人小孩或白人小孩，這樣的新聞報導時有所聞。在二十一世紀多元族群混雜的後殖民社會中再閱讀這爭議性的廣告影像文本時，觀者很難站在白人為主流意識型態霸權的社會脈絡中進一步觀看，反而容易傾向於「協商式解讀」，所以挑刺美國觀者回憶「黑、白族群相互撕裂」的歷史傷痛經驗，此語意關聯性不斷的被削弱、被轉換、被延擱。此外，在第三世界國家中的觀者更可能站在去歐美中心主義下思考這影像傳播語意，去除其特指的歷史、政治、社會、文化發展脈絡意義外，進一步審視其統一簡潔的商標與主題圖像對置形式，並在對比互補的色彩意象中，欣賞班尼頓具高反差的視覺美學風格，視為宣揚鮮明的品牌形象之標誌性符號。

三、 2011 年班尼頓廣告「遏止仇恨篇」

瀏覽由國內中央社徐嘉偉翻譯法新社在 2011 年 11 月 17 日 12:20 p.m. 發布於網際網路電子媒體之報導，評論 2011 年末班尼頓廣告大幅張貼在羅馬街頭後轉為高爭議性的新聞事件；法新社以「廣告合成教宗接吻照　班尼頓挨批」為新聞主標題。透過觀看這則新聞報導文字內容，再搭配在羅馬街頭拍攝的這張紀實新聞照片（圖 6-3）做註解，了解畫面中兩則巨幅班尼頓平面廣告中，各自合成美國總統歐巴馬與中國國家主席胡錦濤（左）、梵蒂岡教宗本篤十六世（Pope Benedict XVI）與埃及開羅的愛資哈爾清真寺（Al-Azhar Mosque）的伊斯蘭教長塔伊布（Ahmed el Tayyeb）（右）雙唇交疊的畫面。事件發生之地點非常接近天主教教皇國梵蒂岡，挑戰大眾觀者在極熟悉的宗教文化脈絡中，檢視教宗本篤十六世驚世的與對立的伊斯蘭領導極親密、親近的行動，雖然觀者可以理解班尼頓這則廣告語言中充滿「諧擬」和「諷諭」的意味，但報導中指出：

（原法新社羅馬 16 日電）

義大利服裝公司班尼頓（Benetton）全球廣告大秀羅馬教宗與埃及伊斯蘭領導教長合成親吻照，經梵蒂岡提出嚴厲譴責後，今天讓步並撤除廣告圖片。…，公司「對使用照片傷害了宗教人士的情感感到抱歉」。

> 梵蒂岡表示，「絕對無法接受教宗形象受到如此使用，
> 並表達最嚴正抗議」，班尼頓隨後發表道歉聲明。[4]

　　透過網際網路的資訊傳播，對於其他國家地區、不同宗
教信仰的閱聽大眾而言，或許事件發生之時間地點不再具
關鍵性，重要的是即時同步的國際新聞傳播事件背後的象
徵意涵。班尼頓公司這起名為　"UNHATE" 的宣傳活動於
2011 年 11 月 16 日在全球同步登場，其中包含一系列政治
和宗教領袖接吻的影像文本，行銷活動主題文字具定錨效果
的指意，以不同的英文印刷字體切分 "UN" 和 "HATE" 兩
個字對應的語詞 (words) 概念，觀者可進一步延伸聯想 "No
Hatred" 之語意，表現出要「遏止所有形式的仇恨文化」之
理念。

　　一如往常的，班尼頓廣告的影像語意極具弦外之音、言
外之意（表 6-3）：班尼頓公司透過影像的運用，再次形成
一個具爭議性的話題，為喚起二十一世紀一〇年代消費大眾
應關注全球政治或宗教威權勢力朝向和諧平衡，消弭對立的
趨勢發展。此全球宣傳活動揭櫫班尼頓是一個具鮮明的政治
意識型態的品牌，反對優勢霸權，主張世界和平，並嘗試銷
售商品、服務給同樣關心全球政治威權勢力均衡這議題的消
費者。

---

4 徐嘉偉 譯 (2011/11/17)。〈廣告合成教宗接吻照　班尼頓挨
　批〉。《中央社》。取自 http://news.cts.com.tw/cna/internation
　al/201111/201111170870651.html(2011/11/17 瀏覽)。

表 6-3：2011 年班尼頓廣告「遏止仇恨篇」之符徵與符指分析

主符徵 (E1)	符徵分析		符指 (C1)
巨幅廣告張貼	（左）美國總統歐巴馬與中國國家主席胡錦濤雙唇交疊	兩位政治人物正側面面對觀者之親吻行為（影像合成照）	親近與親密關係； 強權國家和宗教團體間對立勢力的接觸
	（右）梵蒂岡教宗本篤十六世與埃及開羅的愛資哈爾清真寺的伊斯蘭教長塔伊布雙唇交疊	兩位宗教領導人正側面面對觀者之親吻行為（影像合成照）	
UN*HATE*	UN	Time New Roman，大寫	意指 Undo, No or UN: United Nations+ Hate: hatred→ 反仇恨
	HATE	Arial, Italic（黑體字斜體），大寫	
班尼頓商標	"UNITED COLORS OF BENETTON" 標準字結合 LOGO 的圖像形式	綠底單色長條狀構成；白色印刷字體分兩列字母大寫之標準字	具統一性的、簡潔的商標風格和形式，嵌入在主圖像右下方做品牌標誌記號使用
街頭乞者	巨幅廣告物間掛白手杖、持空杯、倚牆柱行乞的中年男子	側拍盲人街頭行乞；旁置輪椅	身心障礙者**無視**於廣告物；強權對峙下中立的弱勢族群

（本書作者分析並製表，參考圖像來源：2011 年班尼頓廣告「遏止仇恨篇」，見：法新社 (2011/11/18) http://www.theaustralian.com.au/news/world/leaders-unite-against-benettons-unhate-ad-campaign/story-e6frg6so-1226198608194#）

　　將上述索緒爾式的符徵對應符指的分析，做為羅蘭·巴特對流行消費文化符號中指涉物表現形式之「外延義」的討論內容，進而擴充到反應當代觀者政治意識型態、社會階級、宗教文化脈絡之「涵義」（內涵意義）的討論，見表 6-4 所述。

表 6-4：2011 年班尼頓廣告「遏止仇恨篇」之外延義與內涵義分析

主符徵	外延義 (E2)	內涵義 (C2)
巨幅廣告張貼	親近與親密關係行為隱喻不同對峙勢力的相互接觸	強調對立的國家政權、宗教勢力相互親近與建立親密關係，召喚觀者聯想其主張弭平對立、族群融合的品牌調性
UNHATE	意指反仇恨	主張：遏止所有形式的仇恨文化；召喚觀者反思，反對優勢霸權，主張全球威權勢力均衡，批判主流意識型態霸權，聯想其強調世界和平的品牌調性
班尼頓商標	統一簡潔的商標風格和形式，嵌入圖像做宣揚品牌形象之標誌記號使用	宣示品牌精神：關懷弱勢族群、批判**優勢霸權**、傳揚人道精神、強調種族融合與世界和平
街頭乞者	身心障礙者**無視**於廣告物；強權對峙下中立的弱勢族群	從行乞盲者**無視**的行為來反思底層社會階級的處境，反襯政治或宗教優勢霸權的宰制下漠視弱勢民眾（或他方勢力）權益之主流意識型態

（本書作者分析並製表，參考圖像來源：2011 年班尼頓廣告「遏止仇恨篇」，見：法新社 (2011/11/18) http://www.theaustralian.com.au/news/world/leaders-unite-against-benettons-unhate-ad-campaign/story-e6frg6so-1226198608194#）

　　再運用霍爾的解碼模式：「協商式解讀」，加以釐清影像文本中回應當代政治意識型態、社會階級、宗教文化脈絡之「涵義」。藉此新聞報導中的圖像（羅馬街頭拍攝的照片），映襯主要文字內容的敘述，看來法新社的媒體記者加入更複雜的訊息：巨幅班尼頓廣告展示張貼情境中，有一拄白手杖（盲人使用）、持空杯、倚牆柱行乞的中年男子，「無」視於身旁廣告物，在強權對峙下中立於羅馬街頭。

　　文本裡已加入社會脈絡意義而進行視覺轉義，新聞瀏覽者因看見梵蒂岡教宗本篤十六世與埃及開羅的愛資哈爾清真寺的伊斯蘭教長塔伊布雙唇交疊（圖 6-3 畫面右方），而瞭解為何教皇國梵蒂岡之衛教人士強烈抨擊班尼頓的意識型態類廣告訴求與做法。然而，觀者很容易進而聚焦在圖片中兩件巨幅廣告物間站立著一個手持白手杖、身旁還有一閒置輪椅的中年人，似乎以身心障礙者之弱勢族群與底層社會階級的身份，持空杯在街頭乞討。在影像表現上，記者以對比映襯的手法側拍盲人街頭行乞，此襯景人物和情境，其呈現出與主題廣告人物在構圖佈局上之高反差。二十一世紀一〇年代班尼頓公司大張旗鼓的揭櫫「遏止所有形式的仇恨文化」、世界一家的理想，呼籲消費者關心弭平對立、族群融合等議題，與其品牌形象和意識型態相反的，若觀者從羅馬街頭行乞盲者無視的行為來看，反思底層社會階級的處境，在此觀看脈絡中反使得觀者了解政治或宗教優勢霸權的宰制下漠視弱勢民眾（或他方勢力）權益的事實，反諷其主張是一種假象（影像合成的虛假性），一種恐怖平衡，其品牌精神：關

懷弱勢族群、批判優勢霸權、傳揚人道精神、強調種族融合與世界和平之理念歸趨，將遙遙無期。

綜論這影像文本，一系列政治和宗教領袖接吻照被巨幅放大、展示，班尼頓公司行銷活動主題文字 "UN**HATE**" 具定錨效果的指意，以不同的英文印刷字體切分 "UN" 和 "HATE" 兩個字對應的語詞 (words) 概念，觀者可進一步延伸聯想為 "No Hatred" 之語意，表現出要「遏止所有形式的仇恨文化」之理念，再加上一貫的 "UNITED COLORS OF BENETTON" 商標文字標誌下，意指班尼頓鮮明的立場和品牌觀點，觀看的我們仍需由相關社會背景脈絡下，解碼這個影像文本中圖像和文字如何被編碼與製造意義。

2011 年底被放在電子新聞媒體做為全球報導時，羅馬街頭的影像文本，呈現出班尼頓廣告「遏止仇恨」訴求在特定的時空環境下符碼進行轉義後的新意涵，從所呈現於背景情境的人物處境，反應出義大利經濟衰退的社會狀態，誘使觀者做特定的價值判斷，使得影像本身，從一個意識型態類的消費符號，一種流行文化符碼，變成為是一個社經現象的回映，意味著政治或宗教優勢霸權對峙和宰制下漠視中間弱勢的討論，顯現出原廣告設計者、廣告主可能沒有意識到的涵義，結果引起國際社會譁然和更深層的反思。因此，我們可將之視為一種「後設溝通」(meta-communication) 的影像文本，跨時空地域、跨文化的，傳播到其他世界國家或地區之瀏覽者眼中，可能更加的去政治諷喻性與去宗教批判意味，使其符碼再次「轉義」，繼而能興發其他具個人意義的、多元

性的文本脈絡意味的語意 (contextual meanings) 轉換；羅蘭・巴特論「迷思（神話理論）」時指稱中產階級主流社會中一種具「去政治化神話語言」[5]現象，即在 2011 年的當代發生。

---

5 作者翻譯，原文為 "It is now possible to complete the semiological definition of myth in a bourgeois society: myth is depoliticized speech." —Barthes, R. (1973), *Mythologies*, London: Paladin, p.143. 引自 Evans, J. & Hall, S. (Eds.), Myth today, *Visual culture: the reader*, 2004, p. 58.

圖 6-1： 蘇佩萱（2012），「班尼頓」的 "United Colors of Benetton" 之文字轉碼。攝影。臺北市。

圖 6-3： 2011 年 11 月 17 日法新社報導羅馬街頭巨幅 "UNHATE"「班尼頓」廣告（參考圖像來源： 2011 年班尼頓廣告「遏止仇恨篇」，見：法新社 (2011/11/18) http://www.theaustralian.com.au/news/world/ leaders-unite-against-benettons-unhate-ad-campaign/story-e6frg6so-1226198608194#）

第七章　迷思與歷史文本解讀

一、迷思與史實詮釋

二、 2006 年【達文西密碼】「聖杯篇」

三、意識型態與文化霸權的跨域轉義

第七章　迷思與歷史文本解讀

一、迷思與史實詮釋

羅蘭・巴特 (1973) 反思「迷思（神話）」：

> 建立在已被界定為歷史事實的基礎上，即便回溯其源
> 頭，我們瞭解到那是相當程度的人為建構而出的說法，
> 並被後代延續使用，呈現出仿若真實般自然的史實意
> 象；⋯迷思建構在使所指陳的事物失去其歷史性質，在
> 其世界中，事物失去原初形成過程時的記憶。它使我們
> 進入一個在諸多事件和人們行動間產生種種辯證關係而
> 形成的語言世界，並使迷思能和諧的展現本質。[1]

1　作者翻譯，原文為 "What the world supplies to myth is an historical reality, defined, even if this goes back quite a while, by the way in which men have produced or used it; and what myth gives in return is a ***natural*** image of this reality... ., myth is constituted by the loss of the historical quality of things: in it, things lose the memory that they once were made. The world enters languages as a dialectical relation between activities, between human actions; it comes out of myth as a harmonious display of essences." — Barthes, R. (1973), *Mythologies*, London: Paladin, p.143. 引述自 Evans, J. & Hall, S. (Eds.), Myth today, *Visual culture: the reader*, 2004, p. 58.

　　歷史是人為撰寫的史實描述；就不同立場而言，相同的事件或現象，具有不同的後設解讀意涵，並非呈現全然的真實。比如臺灣與日本針對於「霧社事件」之歷史詮釋即呈現出不同的觀點。日本 1995 年高中歷史課本中，紀錄霧社事件概述為：「臺灣霧社居民爆發統治者對其刻意歧視的不滿，殺死日本人百餘人，後因日本軍隊出動而被鎮壓。」後世媒體報導霧社事件真正死亡人數約 332 人，但賽德克族後代推算，實際上犧牲將近千人。這說明歷史的詮釋具有選擇性，且為具有特定觀點的解讀。2011 年魏德聖導演【賽德克‧巴萊】(Seediq Bale) 影片，即運用賽德克族語語法形成影片名稱，其語意為「真正的賽德克人」。影片中呈現賽德克族人部分親日、部分仇日抗日之行動，與日軍或殖民文化交流、或戰爭對峙過程，一如史詩般的自然詮釋了「霧社事件」，見證了羅蘭‧巴特所說的 " a natural image of this reality" (Evans, J. & Hall, S., 2004, p.58)。

　　然而，影片中也處處反應導演魏德聖將「賽德克」視為既是原住族群名稱又是一個神聖符號，如何藉它來召喚觀影者解讀「霧社事件」這一史實中「賽德克」族人的犧牲。他透過劇中主角人物對白：莫那魯道質問花岡一郎和花崗二郎（影片中兩位改日本名、受日本教育的模範蕃）「要當日本天皇的子民，死後回到神社？還是賽德克族人，死後回到賽德克祖靈的家？」這聲音符碼，雖是梅茲所稱的普通的「純敘事涵語言」，卻也是深刻的音像印記，幫助劇中人物（亦是幫助觀影者）反身性思考。在本片上映前導演精剪出五分

鐘的電影預告片中，亦出現「這是一個認同混淆的時代」，這一句具定錨效果的文字敘述單獨揭示在黑畫面上。據此討論，這支影片是嘗試從賽德克人的歷史觀點來看霧社事件？還是為喚醒今日的臺灣人，透過不久前歷史上的霧社事件再次省思，今日我們正處身在這個對臺灣為民族國家「認同混淆的時代」？

原歷史文本轉譯為影像文本，在在挑戰當代觀影者形成多元分歧的反身性的「視點」：是全盤接受影片製碼者的詮釋？還是進行「協商式解讀」，回應於今日社會文化脈絡下臺灣人主體性認知的混淆？還是從對立解讀的立場看來，國家主體意識認同問題昭然若揭，以藝術包藏意識型態命題，假藉原歷史文本形成當代臺灣主體認同自覺的論述觀點？「霧社事件」，在【賽德克·巴萊】影片中除了視覺轉義成「賽德克神話」文本，意指「賽德克」的神聖「涵義」，亦流變成為當代臺灣人觀影間所解讀出的、共有的「文化迷思」。

二、2006 年【達文西密碼】「聖杯篇」

影像作品可解讀的面向是多元分歧的，從純美學的價值、表面或形式的視覺分析，將過渡到如何交雜著多元文化脈絡意義，觀者以跨媒介、跨文化挪用的概念，進行視覺符碼的象徵意義之解讀。二十一世紀，一個符號的指涉，在特定社會條件下不斷地被挪用、轉化，並與其他媒介產生共鳴，

呈現跨領域、跨媒介的「視覺轉義」(visual trope)[2] 現象，使
觀者在當代影像文本間梭巡，解構「迷思」，早已成為一個
流行消費趨勢。2006 年由哥倫比亞公司 (Columbia Pictures)
製片、朗霍華 (Howard, R.) 導演的電影【達文西密碼】(The
DaVinci Code, 2006)，則以符號學的方式解讀宗教迷思與象
徵性的符號 (Symbol) 作為敘事主線，塑造對古代基督教宗
教文化典籍中神聖符號的再詮釋。朗霍華依據丹布朗 (Dan
Brown) 所著的《達文西密碼》(2003) 這本暢銷小說中的論述
內容，加以改編，再轉成影像論述。作家的驚悚小說中首先
已將宗教歷史人物和當代懸疑事件人物之關聯性，加以用生
動的文字，進行後設推論；導演依據此閱讀性文本，再進行
開放式解讀，使用影像符碼（包含聲音、文字、圖像、色彩、
明暗、動態等），進行跨域轉義（尤傳莉 譯，2004）。

　　這個案例用來闡明當代流行文化的一種現象：符碼的跨
域轉義。導演朗霍華運用小說文本中對歷史人物的後設推
論，和影像藝術產生「互文性」交陳的關係，使文學性的文
本可在影像文本中，以反身性的方式，進行意義的合併，文
字符碼因而跨域轉義。相反的，影片中觀影者拆解影像符徵，
做為分析影像「能指」如何賦予小說文本中主題意象與文字
內容之「所指」（意指）的方式加以討論內容；另，針對影

2　廖新田 (2008) 論「視覺轉義」(visual trope)，視藝術為：
　　一套可溝通的意義體系，它既有內部的邏輯運作，又不封閉自我而
　　獨立於其他社會文本之間，因此圖像元素的詮釋呈現多層次的意涵。
　　一個符號的指涉，在特定社會條件下不斷地被挪用、轉化，並與其
　　他媒介產生共鳴（頁 18）。

片中象徵符號 (symbols) 之解讀，取決於主符徵事物如何被觀看、如何被呈現與如何被置放於影像媒體文本形式中，加以討論其象徵意義如何組成。藉跨領域、跨媒介或跨時空的「後設溝通」，以觀影者觀看「流行文化產物的行為本身」做為主題的一種討論或交流，突顯影像傳播的反身性層次 (reflexive level)，釋放對傳統的基督教宗教文化的解讀動能，繼而興發有意味的語意之轉換，形成「延異」差異，使其符碼「轉義」。

其中，令觀者印象深刻的是電影中由演員伊恩麥克連 (Ian McKellen) 飾演的李伊爵士 (Sir Leigh)，對來訪的蘇菲納佛小姐解釋「聖杯」的真正本質這一段落，亦即朗霍華根據丹布朗 (Dan Brown) 2003 年所著的《達文西密碼》這本暢銷小說中對於神聖女性符號的論述內容，加以改編，再轉成影像論述。以下將主要配角人物李伊爵士在影片中詮釋「聖杯」的重要對白，和原小說中書寫在 56-58 章中李伊爵士與男女主角這段談話的文字內容，對照列舉如下表 7-1 和表 7-2：

表 7-1：【達文西密碼】中李伊爵士詮釋「聖杯」的對白

影片 Timecode	李伊爵士對白
01:06:28~	聖爵的形狀像杯子或容器，更重要的是，它像女人的子宮。聖杯從來就不是一個杯子，而是這個古代的女性象徵符號。 　　在（達文西名作〈最後的晚餐〉）這裡指的是一個女人，她懷有重大的秘密，秘密一旦揭露，就會摧毀基督教的根基。其實她早就出現在畫作上面，…坐在主耶穌右手邊，也就是最上座的那個人呢…她就是抹大拉的馬利亞，她並不是妓女，教會在西元591年抹黑她，真可憐；抹大拉的馬利亞是耶穌的妻子。[3]
01:08:11~	仔細看耶穌和馬利亞的衣服，就像是對方的鏡像，更詭異的是，你再看耶穌和馬利亞，臀部連在一起，身體卻往反方向傾斜，他們這種姿勢形成一個形狀：達文西畫出聖爵的符號。[4]
01:10:21~	聖杯的法文怎麼說 (du Saint Greal)，字源是中古世紀英語 SANGRES，出自於亞瑟王傳說，請妳把 (SANG、RES) 這兩個字翻譯給他聽（這兩個字的意思是「王室之血」），傳說中裝過基督之血的聖杯，其實指的是懷著耶穌王室血脈的女性子宮。」[5]

（作者製表，參考資料來源：摘錄自 Howard, R. (2006). [The Da Vinci Code] 影片對白）

3　原對白為：And the chalice resembles a cup or vessel or, more importantly the shape of a woman's womb. No, the Grail has never been a cup.
　　It is quite literally this ancient symbol of womanhood. And in this case, a woman who carried a secret so powerful that if revealed, it would devastate the very foundations of Christianity. ...And it turns out, she makes an appearance right there. ...What about that figure on the right hand of our Lord seated in the place of honor? ...My dear, that's Mary Magdalene. She was not such thing (like prostitute). Smeared by the Church in 591 anno Domini, poor dear. Mary Magdalene was Jesus's wife. (Time code: 01:06:28~)

4　原 對 白 為：Notice how Jesus and Mary are clothed. Mirror images of each other. And venturing into the even more bizarre, notice how Jesus and Mary appear to be joined at the hip and are leaning away from each other as if to create a shape in the negative space between them. Leonardo gives us the chalice. (Time code: 01:08:11~)

5　原對白為：Now, my dear, the word in French for Holy Grail. (du Saint Greal) From the Middle English "Sangreal" of the original Arthurian legend. Now, as two words ("Sang" and "Res"). Can you translate for our friend ? (Sang real, it means "royal blood" .)When the legend speaks of the chalice that held the blood of Christ it speaks in fact of the female womb that carried Jesus's royal bloodline. (Time code: 01:10:21~)

表 7-2：《達文西密碼》小說中詮釋「聖杯」的人物對話

小說頁碼	對話內容
56章，頁273	「聖爵這個符號，」她說：「形狀像杯子或容器，或更重要的，與女人子宮的形狀相似。這個符號傳達了女性氣質、女人身分，以及生育能力。」然後蘭登盯著她。「蘇菲，傳說中聖杯是一個聖爵——是個杯子。但把聖杯描述為一個聖爵，其實是為了要保護聖杯真正本質的一個譬喻。也就是說，在聖杯的傳說中，是將聖爵當成一個隱喻，來代表更重要的東西。」 　　「一個女人。」蘇菲說。 　　「正是。」蘭登微笑道。「聖杯其實是女性的古代象徵符號，而聖杯代表著神聖女性和女神，這個象徵意義現在當然已經失去了，其實是被基督教會所排除掉。…」
56章，頁274	「聖杯，」蘭登說：「這個符號象徵著失去的女神。基督信仰出現後，昔日的異教信仰並沒有就此消失。種種探尋失落聖杯的騎士傳奇，其實是追尋失去的神聖女性的故事，…」 　　蘇菲搖搖頭。「對不起，剛剛你說聖杯是一個人，我還以為你指的是一個實際存在的人。」 　　「是沒錯呀。」 　　「而且不是隨便哪個人。」提賓突然開口，興奮地努力站起身。「是一個身懷重大秘密的女人，重大到若秘密曝光，就可能毀掉整個基督信仰的最根本基礎！」

（作者製表，參考資料來源：摘錄自尤傳莉 譯《達文西密碼》，2004）

58章，頁277	「唔……」提賓扮出一副好像忘記的表情。「聖杯，是 Sangreal，也是聖爵。」他突然轉身指著遠端的牆。上頭掛著一張八呎寬的複製畫〈最後的晚餐〉，剛剛蘇菲才看過的同一幅畫。「她就在那裡！」
58章，頁278	蘭登微笑著。「結論就是，聖杯的確就是出現在〈最後的晚餐〉裡。達文西把她畫得很明顯。」 　「慢著，」蘇菲說：「你們剛剛告訴我說，聖杯是個女人。但〈最後的晚餐〉畫的是十三個男人。」 　「是嗎？」提賓豎起眉毛。「你再看仔細一點。」…… 　蘇菲看著坐在緊鄰耶穌右邊的那位，仔細檢查。她研究著那個人的臉和身體，心中湧起一股驚異之感。這個人垂著一頭柔順的紅髮，優雅的雙手交疊，加上看起來有點像女人的胸脯。毫無疑問，那是個……女人。
58章，頁279	蘇菲湊得更近看。耶穌右邊的那個女人看起來年輕而虔誠，有張嫻靜的臉和美麗的紅髮，雙手文靜地交疊。這就是能隻手粉碎基督教會的那個女人？ 　「她是誰？」蘇菲問。 　「親愛的，那位，」提賓回答：「就是抹大拉的馬利亞。」

（作者製表，參考資料來源：摘錄自尤傳莉 譯《達文西密碼》，2004）

58章，頁279-280	「歷史有記載，」提賓說：「而達文西一定知道這個事實。〈最後的晚餐〉尤其向觀者強烈表明，耶穌和抹大拉是一對。」 蘇菲的目光又轉回那張濕壁畫。 「你注意看耶穌和抹大拉穿的衣服，就如同彼此的鏡像。」提賓指著濕壁畫中央的兩個人。 蘇菲被迷住了。果然，他們的衣服顏色恰恰相反。耶穌穿著紅色長袍和藍色披肩；抹大拉的馬利亞則穿著藍色長袍和紅色披肩。陰與陽。 「接下來再看看更怪異的。」提賓說：「你注意，耶穌和他的新娘看起來在臀部接合，然後各自往兩旁傾斜，好像是要創造出兩人間顯然有如正負片相對應的形象。」 甚至在提賓還沒幫她指出之前，蘇菲就看出那個輪廓了——畫中焦點位置那個無庸置疑的﹀形，也就是蘭登稍早所畫的那個象徵聖杯、聖爵，和女性子宮的符號。
58章，頁286	「所以整個聖杯傳說，就是關於王室血統？」 「一點也沒錯，」提賓說：「Sangreal 這個字源自於 San Greal——意思是聖杯 (Holy Grail)。但以最古老的形式，Sangreal 這個字彙是從不同的點拆開來。」提賓寫在一張紙上，遞給蘇菲。 她看了他寫下的字。 **Sang Real** 蘇菲立刻認出這些字該怎麼翻譯。 Sang Real 字面上的意思，就是王室之血 (Royal Blood)。

（作者製表，參考資料來源：摘錄自尤傳莉 譯《達文西密碼》，2004）

　　從當代主角人物的對談看來，兩種文本編碼裡已加入當代社會脈絡意義之解讀，進行達文西名作［最後的晚餐］(1484) 的視覺轉義，然而彼此間仍具有不同性質的文本、語言結構的差異性。我們得以瞭解，電影的影像語言精簡了小說用文字所描述的情境內容，除精簡的對白外，聲音符碼的表情功能、人物動作姿態呈現、背景情境的影像輔助和轉場的動態設定，皆使得影段內容精簡許多。並且，導演朗霍華為強調李伊爵士這影片中反派配角人物的戲劇性，在這討論「聖杯」涵義的影段中，大加鋪陳他的重要性，將原先小說中多數為男主角蘭登與女主角蘇菲的對話內容轉為提賓李伊爵士的對白，將蘭登反置為解釋神聖女性象徵符號意義時從旁的輔助者。

　　相反的，丹布朗的小說寫作，因為沒有影像表現之輔助，需以文字將情境加以描述的較為細膩與完整，使讀者能進行劇情情境的聯想。對於女主角蘇菲觀看達文西名作［最後的晚餐］中，抹大拉的馬利亞與耶穌基督互為「鏡像」，這一議題在小說文本中呈現三個主要段落的文字描述，詳見表 7-2 中 58 章第 278 頁、279 頁、279-280 頁。

　　回顧【達文西密碼】，影片中針對「抹大拉的馬利亞與耶穌基督互為『鏡像』」這一議題，它成為李伊爵士單獨的對白陳述，詳見表 7-1 中第二段 (Timecode：01:08:11~)。

　　關於李伊爵士所稱「**達文西畫出聖爵的符號**」（圖 7-1），隱喻為古代的女性之象徵符號，它正是關鍵的符徵，由抹大拉的馬利亞與耶穌基督在畫中互為「鏡像」而組成，在影片

中關乎對神聖女性「抹大拉的馬利亞」的「迷思」。運用索緒爾符徵對應符指的分析，此「聖杯之迷思」，它亦藉由古世紀英語文字 "SANGRES" 為王室之血 (Royal Blood) 之語意加以強調「聖杯」真正的本質，繼而將討論「聖杯」意指的主要符徵與符指之分析，詳述如表 7-3。

將上述索緒爾式的符徵對應符指的分析，做為羅蘭‧巴特對流行消費文化符號中指涉物表現形式之「外延義」的討論內容，進而擴充到回應當代觀影者宗教的意識型態和基督教文化之「涵義」（內涵意義）的討論，見表 7-4 所述。

綜論之，影片中藉由劇中主角人物的視點與觀點，指陳西方文藝復興時期名作〈最後的晚餐〉是達文西的後設詮釋，為上古時期基督教宗教史上神聖事件的再現，亦是「聖杯」之擬像表現。它由抹大拉的馬利亞與耶穌基督在畫中互為「鏡像」而組成「聖杯」的各一邊，導引觀影者在視線中亦同時指出聖爵的 V 形符號，瞭解這一符號隱喻了神聖女性「抹大拉的馬利亞」傳承基督王室血脈的重大意義。再藉著隱喻「抹大拉的馬利亞」，為一位不見容於基督教教會體系的對抗者，主耶穌人性的展現之伴侶，批判著基督教會宗教威權的根基—耶穌救世主之神性、其「天授神權」累世由教會支配等宗教文化霸權。

表 7-3：2006 年【達文西密碼】「聖杯篇」之符徵與符指分析

主符徵 (E1)	符徵分析		符指 (C1)
聖爵 (Holy Grail)	杯子形狀	杯子或容器	像女人子宮的杯狀物，女性子宮的符號，隱喻女性生育能力，為古代的女性象徵符號。
	女人的子宮狀	視覺導引視線形成的假想	
SANGRES/ Sang Real	SANG、RES Sang Real	影片中人物書寫中古世紀英語文字／小說中書寫文字	王室之血 (Royal Blood)；亞瑟王傳說中裝過基督之血的聖杯，指的是懷著耶穌王室血脈的女性子宮。
達文西名作〈最後的晚餐〉	描繪耶穌與十二門徒共進最後晚餐之濕壁畫	文藝復興時期古典美術作品	名畫作的擬像，基督教宗教史上神聖事件的再現
	複製畫作放大投影	美術作品的擬仿物	
抹大拉的馬利亞	主耶穌右手邊，最上座的，垂著一頭柔順的紅髮，優雅的雙手交疊，加上看起來有點像女人的胸脯	女主角觀看的主要對象	是耶穌的鏡像，耶穌的妻子懷著耶穌王室血脈
	耶穌穿著紅色長袍和藍色披肩；抹大拉的馬利亞則穿著藍色長袍和紅色披肩，就像是對方的鏡像，耶穌和馬利亞臀部相連，身體卻往反方向傾斜	像是正負片相對應的形象，似是耶穌的鏡像	與耶穌對應，其兩者身軀輪廓相連呈現為 V 形的各一邊，導引視線指出聖爵的符號

（本書作者分析並製表，參考資料來源：Howard, R. (2006). [The Da Vinci Code]）

圖 7-1：聖爵 V 形符號示意圖

（本書作者製圖，參考資料來源：達文西 [最後的晚餐]，1484）

表 7-4：2006 年【達文西密碼】「聖杯篇」之外延義與內涵義分析

主符徵	外延義 (E2)	內涵義 (C2)
聖爵 (Holy Grail)	英國亞瑟王傳說中裝過基督之血的聖杯	懷著耶穌王室血脈的女性子宮保護耶穌基督「王室之血」的傳承的一個譬喻
SANGRES/ Sang Real	聖杯 =「王室之血」	聖杯真正本質的一個文字譬喻
達文西名作〈最後的晚餐〉	文藝復興時期古典美術作品的擬仿物	達文西的後設詮釋，再現上古時期基督教宗教史上神聖事件的擬像表現
抹大拉的馬利亞	懷著耶穌王室血脈的神聖女性，耶穌的妻子	對抗者，與基督教會中「天授神權」並由教會支配對抗的勢力；隱喻主耶穌人性的展現，摧毀基督教會宗教威權的根基

（本書作者分析並製表，參考資料來源：Howard, R. (2006). [The Da Vinci Code]）

三、意識型態與文化霸權的跨域轉義

羅蘭‧巴特 (1973) 再論：

> 符號學理告訴我們迷思具有賦予歷史意向辯明為自然
> 正當的任務，並使（歷史上的）偶發事件看起來（似
> 乎）成為永恆。現今這個過程正指陳中產階級的意識
> 型態。假如我們的社會成為迷思之意指作用下主觀看
> 來為特權的場域，這是因為，正式說來迷思是最適當
> 的媒介工具，恰為其（中產階級）意識型態之反映，
> 用以定義這個社會：存在於人類所有溝通層次間，迷
> 思從對「反物質世界」的反映朝向為對「偽物質世界」
> 的反映。[3]

　　所謂的「存在於人類所有溝通層次間，迷思從對『反物
質世界』的反映朝向為對『偽物質世界』的反映。」從中指
出「反物質」(anti-physis) 的人類精神文化現象是主流的中
產階級意識型態的回映，它並非真正的物質世界現象之反

3　作者翻譯，原文為 "Semiology has taught us that myth has the task
　of giving an historical intention a natural justification, and making
　contingency appear eternal. Now this process is exactly that of
　bourgeois ideology. If our society is objectively the privileged field
　of mythical significations, it is because formally myth is the most
　appropriate instrument for the ideological inversion which defines this
　society: at all the levels of human communication, myth operates the
　inversion of *anti-physis* into *pseudo-physis*." —Barthes, R. (1973),
　Mythologies, London: Paladin, pp.142-143. 引述自 Evans, J. & Hall, S.
　(Eds.), Myth today, *Visual culture: the reader*, 2004, pp. 57-58.

映，而是具有一種「偽」性 (pseudo-)，指陳出其虛假性，呈現為擬真的「擬像」世界的回映。人們生活在迷思中觀看一些圖像或主題處在特定的背景或脈絡下被編碼，再由觀者解碼；這個過程是一前一後的。然而，「擬像」世界中影像的意義被創造在製作者（編碼者）、觀者（解碼者）、影像文本三者，與其社會文化脈絡內涵互動之間。羅蘭・巴特所稱的「偽物質世界」不斷的露出在電視、電影、攝影、雜誌等不同類型的媒體影像與大眾流行文化場域，定義人們（觀看者）談吐的模式與影像文本呈現的風格，並且提出主流趨勢中人們所談論的意識型態主題，然而觀看者也在過程中反身思考，協商其中意涵之所在。

「影像意涵」（羅蘭・巴特所稱的「涵義」）與影像呈現當時的脈絡情境、社會、政治、文化密切相關；不僅止於視覺元素的呈現上，其約定俗成的美學觀及社會意識型態，影響人們商榷影像的意義。與流行文化中傳播影像文本對話時，人們進行符碼之解碼詮釋，可能不易察覺編碼者編製文本時實帶有特定意圖，亦不容易了解到對文本產生詮釋時自身背後的根據。此外，多數人不容易意識到自己正根據約定俗成的觀點來看待影像，使其詮釋方式牽涉到如何反應特定世代族群的美學觀之影響，使意義在我們無意識中或意識下被創造出來。

影像對流行文化觀看者和消費者影響深遠，會因其如何被吸引注意、被看見、被詮釋的方式而形成意義。影像的意涵在每次的觀看中被閱聽大眾創造，匯歸成對流行文化現象

的後設理解。我們所討論的後設理解，是基於約定俗成的社會、文化脈落的意義進行意指作用，也表現出符號的任意性 (arbitrary) 原理：對於符號現象的解讀、對符徵的指出引用、如何指涉其所指內涵意義 (connotation)，這些連結方式是任意專制的 (arbitrary connection)、約定俗成的，是具意識型態影響下的構成。

今日在學理上探討意識型態，仍需回顧 1960 年代的法國馬克思理論哲學家路易斯・阿圖塞 (Louis Althusser, 1918-1990)，他提出的「召喚理論」(interpellation) 的討論，將「意識型態」一詞從而和馬克思論「偽意識」[4] (False Consciousness) 的關聯中抽離。

阿圖塞在 1969 年發表 *Mapping Ideology* 一文，提出「召喚理論」(interpellation) 主張意識型態向每個個人主體召喚，「意識型態呈現的是每個個人對他們存在的真實狀態之想像關係」("THESIS I: Ideology represents the imaginary relationship of individuals to their real conditions of

---

4 馬克思主義出現於十九世紀西方工業主義及資本主義復甦期間，提出擁有生產工具也可以控制產生及流佈於社會中媒體立場的思想與觀點。以馬克思的論點來看，社會的統治階層，屬一群階級自為者（class for itself），擁有或控制了新聞業，電視網絡及電影業等，控制源自其媒體形態的內容。統治階級塑造「偽意識」(False Consciousness) 用來維持他們的生產關係。亦即，使得被剝削階級 (the deprived) 忘記他們真正的階級意識，而成為自在階級 (class in itself)，順應於既有的生產關係，生活在「偽意識」中不知情的完全接受統治階級的看法。

existence."）[5]；反之，如果缺少意識型態，在一個事件中我們將無法思考或體驗我們所謂的「真實」(Evans, J. & Hall, S. (Eds.), 2004, p. 317)。

他提到一個「鏡像複製 (mirror duplication)」結構組成意識型態的說法，同時也確證了：其對人們召喚，使個人成為審美主體；其具主體性；使個別審美主體可相互認知主體自身和相應的主體性之關係、產生對他者的認知，以及最終審美主體對它主體自身反身性的認知；它確證事理仿若「真實」一般，讓審美主體在特定情境下有所依據的認識自身和曉得如何行為，使得「事理如法」(Althusser 讚嘆道: "Amen— 'So be it.'")[6]。

阿圖塞的學說對電影研究格外有幫助。他的學說幫助電影理論家分析當人們觀賞電影時，媒體文本如何讓人們了解他們自己。就阿圖塞的看法，每一個人並不是那麼獨特的個體，而是一直受到意識型態影響的對象，在這個影響下而生、

---

5 作者翻譯，原文見：Althusser, L. (1969), *Mapping ideology*, re-edited as 'Ideology and ideological state apparatuses (notes towards an investigation),' quoted in Evans, J. & Hall, S. (Eds.), *Visual culture: the reader*, 2004, p. 317.

6 作者翻譯，原文為：The duplicate mirror-structure of ideology ensures simultaneously: 1. the interpellation of 'individuals' as subjects; 2. their subjection to the Subject; 3. the mutual recognition of subjects and Subject, the subjects' recognition of each other, and finally the subject's recognition of himself; 4. the absolute guarantee that everything really is so, and that on condition that the subjects recognize what they are and behave accordingly, everything will be all right: Amen— *'So be it.'*(Althusser, L. wrote 'Ideology and ideological state apparatuses (notes towards an investigation),' in Evans, J. & Hall, S. (Eds.), *Visual culture: the reader*, 2004, p. 323).

而找到自己的觀點與舞台。阿圖塞認為個人是受到意識型態的召喚而成為（審美）主體，或者說，意識型態是藉由召喚或改造個人成為主體而發生作用。意識型態建構、塑造了個人的信念、價值和思想，或說是個人把意識型態內化為自己的信念、價值和思想。當個人依這些信念、價值與思想而行動時，會以為自己是自主的主體，卻未察識到自己的觀念、思想其實是意識型態所建構的。主體，只是意識型態的體現者，眾多主體的思想言行體現了為集群或世代的主流意識型態。

因此，若用阿圖塞的「鏡像複製結構」(the duplicate mirror-structure) 對映《達文西密碼》和【達文西密碼】中皆討論到**耶穌和抹大拉的馬利亞像是對方的鏡像**這一主題，他們兩人的身形姿勢、服裝顏色如同鏡像般對立反襯，但這些視覺表現形式卻在基督教會幾百年來主宰的宗教意識型態影響下，無法被「群化」，削弱其視認性 (visibility)。換句話來說，他們的鏡像關係容易被人們在觀看中忽視，如同兩種文本中討論道，女主角蘇菲納佛小姐原視點中呈現對達文西 [最後的晚餐] 圖像的視覺理解，正指陳出人們普遍不自覺的受意識型態影響之「盲點」，成為集群或世代相傳的主流意識型態的體現。

義大利的馬克斯主義學者，葛蘭西 (Antonio Gramsci, 1891-1937 提出「霸權」理論 (Hegemony) 代替「多數決定」的概念。葛蘭西主要活躍於 1920 至 30 年代的義大利，但他的想法被廣泛引述且具有高度影響力的時間點卻發生在二十世紀末。葛蘭西認為支配性的意識型態常常以「常識」

的姿態呈現，而且伴隨著其他力量的介入，不斷地改變其本質。葛蘭西認為存在於社會主流文化的現象，不斷地反應社會階級的權力鬥爭，統治階級之所以能維持優勢地位與主宰社會，不但靠政治與經濟結合的利益，尚須開創一套得廣為社會接受的霸權文化，諸如知識、道德等 (Sturken & Cartwright, 2005, pp. 53-54)。

　　葛蘭西十分強調文化意識型態的影響權力，他指出「文化霸權」決定了統治權力的維持。我們被教育、規範為統治階級所需要的人，在這當中我們卻沒有感覺到自己是被操控的，被教導、規範成願意接受統治階級的統治。因而，被統治階級如何藉著形塑自己的文化霸權以對抗統治階級的文化霸權？進而使主流意識型態其內容不斷地改變，最終產生質變？如同黑人街頭嘻哈 (hip-pop) 音樂原先被邊緣化的、被視為與主流對抗的次文化，但在 1990 年代初已成功侵入美國大眾流行音樂殿堂，使新世代的西洋流行音樂文化產生質變，旋而傳佈到全世界，其形式與內容皆被複製，更使得二十一世紀臺灣流行樂壇生力軍陶喆、王力宏、周杰倫和來自臺南的歌手「大支」等人，在流行音樂創作中前仆後繼的進行嘻哈音樂跨文化的演繹、互文性的參照，成為一種臺灣當代年輕人發聲的主流管道，視為流行音樂元素的跨域轉義，在臺灣流行音樂文化文本中以反身性的方式所進行的意義合併。

　　今日西方驚悚小說《達文西密碼》和電影【達文西密碼】挑戰著基督教宗教世界的「文化霸權」，觀影者運用霍爾的

解碼模式：「協商式解讀」，可加以釐清影像文本如何回應當代社會意識型態、宗教文化脈絡之「涵義」，並產生個人的後設詮釋。看來藉著「聖杯」之擬像，隱喻神聖女性象徵符號意義，是另一種解構西方基督教宗教世界威權的觀點，令觀者反思更深的人性存在的意義。

　　綜論之，每個解譯符碼過程中產生的想法都是有意義的。影像的意義是根據接觸時的社會、政治、文化脈絡所決定。影像是根據社會跟美學的約定俗成意義被創作。人們對符碼的聯想和如何賦予它們涵義很難一成不變。人們爰用符號學觀點詮釋線索和聯想其意涵，用來解碼影像背後主導的意識型態與文化霸權如何召喚觀者；相對的，在觀者反身思考式的後設解讀過程當中，亦能檢視當代傳播媒體文本呈現跨域轉義之現象。

第八章　東方意象的文創符號

第八章　東方意象的文創符號

一、影像文本與道家美學對話

　　東方意象，在當代真的不一樣了！「2011 臺北世界設計大展」在松山文創園區舉辦，其中的「亞洲文創跨界創作展：董陽孜 X 亞洲海報設計」展覽專區，以《老子》：「人法地，地法天，天法道，道法自然」（陳鼓應，1993，頁 20），形成「妙法自然」[1] 之精神依歸（圖 8-1），策展人陳俊良、劉小康邀請亞洲六國 40 位國際平面設計師們，將書法家董陽孜書寫的二十四個字、詞，形成為海報設計創作母題，進一步跨媒材、跨領域，包含與平面設計、插畫、攝影、電腦繪圖等視覺傳達設計形式結合，創作出各系列形式新穎的平

1　策展人陳俊良、劉小康 (2011) 說：「法自然」尋求的不僅是「應物象形」的模擬，更是「氣韻生動」的創造，是以亦有「妙造自然」的說法，本展統合而稱之為「妙法自然」。

面設計加以展示，成為與董陽孜之書法精神相映照的影像文本，吸引洶湧的人潮觀看、關注與討論（陳俊良、劉小康，2011）（圖 8-2、圖 8-3、圖 8-4）。這些揣摹東方意象的視覺設計，隱喻絕妙超然的道家美學觀，使設計師們跨域不羈。其中，或是將書法文字寓意圖像視覺化，令其筆法和文字造形不再嚴肅，不再古味十足，不再過度強調師法傳統文化的崇高偉大；或是如王志弘拆解筆墨線條，變成像將多種不規則造型的板塊，加以拼湊成 "PERSON" 之圖像化書寫文字（圖 8-5）；或是如龔維德更進一步地挪用書法文字，與其他媒材複合應用於海報設計上進行詮釋東方觀點的「擬像」創造（圖 8-6、圖 8-7）；再者，或是如黃炳培提供部份展板區塊，使成為一種開放性的媒介，允許現場觀眾觀看解讀後，與他的設計作品互動，加入觀者的「書寫」，再整合創作出他 [妙法。自然。] 之作品意義（圖 8-8）(He, 2011)。

　　近期此展覽榮獲香港設計中心評選為 2012 年「亞洲最具影響力設計大獎」[2]。當精緻的書法文化遇上嶄新的創意設計，當古文化元素有了嶄新風貌，使「亞洲文創跨界創作展」展現出一式式創新的設計符號，在觀者眼中這些影像符碼引爆出偌大的東方美學能量，闡釋著絕妙超然且恢弘的中華文化內蘊，以文化符碼之姿感動世人。因此，我們了解設計創作者與觀者在今日可以透過創新的影像媒體文本，共同參

---

2 名書法家董陽孜領銜，亞洲六國 40 位國際平面設計師共同參與的《妙法自然——亞洲文創跨界創作展》，自 27 個國家 832 個參賽項目脫穎而出，2012 年 12 月 7 日獲香港設計中心頒發 2012 年「亞洲最具影響力設計大獎」（吳靖雯，2012）。

與，一齊浸入感性的、體驗式的場域，孕育出對「感質」文
創設計所抒發出之美學魅力的深刻感動（林榮泰，2011）。
繼而，再以臺灣的新銳設計工作者陳姵君，與其個別的作品，
如何與古典道家經典《莊子》中論述的美學觀對話，從觀者
的立場進行文本分析和符號學分析的討論如下：

　　2012 年十二月底，陳姵君以【虛實之間・人我關係】
為名之金屬工藝創作個展[3]，展覽中發表的［蝶夢・夢蝶］
一作，就其題名和作品表現形式而言，實為挪用《莊子》〈齊
物論〉章末「莊周夢蝶」的寓言以產生之創作靈感：

> 昔者莊周夢為胡蝶，栩栩然胡蝶也。
>
> 自喻適志與！不知周也。
>
> 俄然覺，則蘧蘧然周也。
>
> 不知周之夢為胡蝶與？胡蝶之夢為周與？
>
> 周與胡蝶，則必有分矣。此之謂物化。

　　觀看這件作品，屬一種後現代主義之文化挪用手法在當
代的再現，亦可視為是一種隱喻著莊子美學觀的文創設計符
號。它被吊掛在展場中，透過天花板上架設的燈光投影，使
人觀看這一作品被置放在展示空間中，不再僅是一件金工作
品為裝飾設計物件之形式呈現，其本質已被轉化成為一個虛
實相映的影像文本，可引發觀者思辨著實有的存在和虛影對

3　【虛實之間・人我關係－陳姵君金屬工藝創作個展】，國立臺灣藝
　　術大學工藝設計學系 D4002，2012/12/24~2012/12/30。

立映襯成趣的審美興味（圖8-9）。為品評此作，試以在展場觀看過程中特別立意所取鏡的照片來做說明：首先，將銅金屬鍛打延展成精緻雕琢的花草捲曲紋樣，並團聚成圈，變成像窗花般、或像團扇般的古典符號，可意指花草生意之盎然；部分花草捲曲紋樣的變形，轉化為蝴蝶身形，亦以之借喻蝴蝶展翅飛舞花間（圖8-10）。上述影像文本中花與蝶是主要的符徵，意指著花與蝶之團簇成趣；更透過展場光影投射效果，將虛影交疊成三，形成金工設計符號與影子相映，這樣的表現形式直指羅蘭‧巴特所論述之設計符號的外延義，藉這外顯的表現形式，讓觀者在虛實交錯審度之間，恰見臺灣新銳設計師陳姵君巧喻東方意象之美的詮釋，將莊子留下傳唱千古的迷思（寓言故事）在當代再現！

　　進而，這個與《莊子》〈齊物論〉對話的影像符號，它諭示的「涵義」，指陳一種道逸美學觀；在中國古典文學裡，莊子每被稱為「夢蝶主人」，世人卻常忘了就在這蝴蝶夢故事之前，還有個很燦然的影子故事（吳光明，1992）「罔兩問景（影）」：

　　　　罔兩問景曰：「曩子行，今子止；曩子坐，今子起，
　　　　何其无特操與？」

　　　　景曰：「吾有待而然者邪？吾所待又有待而然者邪？
　　　　吾待蛇蚹蜩翼邪？惡識所以然！惡識所以不然！」

　　莊子藉描寫影子之存在，以喻世人所「不知之知」。進一步說明，影子原來是由反射光源之物件其輪廓劃定的，同

時地影子也呈現出其物，使那物顯有具體的深度；如此呈顯出虛與實相待而相生，此一中國哲學觀。人若「知」，即醒悟事物現象之相纏縛，並知萬物之有分與相化，莊子卻以為這是人生變化的遊戲趣味，這是世人「不知之『真』知」。莊子反思人們就生活經驗而知道世上有實在、有幻想，而且兩者相分相反，這是世情，人們永遠在這兩者之中來回徬徨著，這是「自指的不一致」，使人得能再次仔細觀看事物真相（吳光明，1992，頁 202）。然而，莊子反而一直留在「自知不確知」的見解：「吾有待而然者邪？…惡識所以然！惡識所以不然！」；「不知周之夢為胡蝶與？胡蝶之夢為周與？」

　　從「罔兩問景（影）」到「莊周夢蝶」，由這「景（影）知」與「夢知」，它具結所謂的「存在」居住於這種互別互依的境地中。莊子借「罔兩問景（影）」，將人生的論理，轉化為也許就是依循著詼諧喜劇的邏輯，包含逆理的邏輯、諷刺反語的邏輯，及人生互纏的邏輯（吳光明，1992，頁 213），而交互思辯；如同，人的思想（虛）依存於生命存在（實），這共生共棲之人生論理，西方現代哲學家沙特 (Jean Paul Sartre) 即說有意識的「虛無」(nihilation)(Sartre, 1956)。但在《莊子》〈齊物論〉最末章中更借「莊周夢蝶」夢覺之說，譬喻世人之迷；借夢蝶以喻物我「泯合」的境界，由夢覺不分說，到「物化」，以譬喻物我界限的消解融合（陳鼓應，1993）。以蝶化象徵主體與客體的會通交感，達到相互泯合的境界，實為最高藝術精神的投射，奠立莊子美學精神。

　　因而，陳姵君之［蝶夢・夢蝶］虛實相映，此一典雅的文創符號，詮釋出莊子美學精神外，若觀者能進一步思索著〈齊物論〉古典文學文本中是從「罔兩問景（影）」論述到「莊周夢蝶」，此間之相連繫處，更可看出此作為何能十分隱匿卻精微地隱喻人我之間關係，它諭示的「涵義」對應「景（影）曰：『吾有待而然者邪？吾所待又有待而然者邪？』」，人在依附人生境遇浮沉的同時，需產生反思與自覺，它是從一種「有意識的『虛無』」的主體存在感中，轉化出一種「自喻適志與！」的人生觀和美學體驗。這善用後現代主義文化挪用手法的文創設計創作，引導著觀者在互文性的參照過程中，鮮活地進行反身性的思考，回響著：「昔者莊周夢為胡蝶，栩栩然胡蝶也。自喻適志與！」

二、影像文本詮釋文人詩思

　　關於二十一世紀東方美學意象在國際上的傳播，在此回顧另一場更早使臺灣的感質軟實力揚名國際的大事記（國立故宮博物院官網，2011a）：2005 年彭文淳導演製作的故宮形象廣告影片，贏得 2006 年美國博物館協會 (AAM) 推廣宣傳繆司獎（金牌獎）。事實上，這 2006 年第 17 屆的競賽，主辦單位總計收到來自北美洲、澳洲、歐洲、亞洲等地 108 個參賽作品，競賽內容主要是針對博物館界所設計研發或製作出來的多媒體產物，如影片、數位影音光碟、唯讀光碟、網頁、語音導覽、及展區設置等進行評選。 因而，這是難能

可貴之大事，廣受國際藝文界的注目，並隨著英、日語版本的廣告在國際傳播頻道上曝光，將依循「時尚故宮」、「OLD is NEW」文化創意主軸下發展的新面貌展現於國際視野（國立故宮博物院官網，2011b）。

　　彭文淳導演以這支影片（圖 8-11）詮釋臺北國立故宮博物院典藏現存千年的書法墨跡─黃庭堅的 [花氣薰人帖] 為創作母題（國立故宮博物院官網，2011c）（圖 8-12），擇選電腦音樂創作者林強為廣告代言人與這書帖文本對話，製作出一則 90 秒的故宮形象廣告影片讓觀看者深深動容（國立故宮博物院官網，2011d）。

　　影片中彭文淳導演以感質創意，創造出一個觀者可融入的感性場域，對應當代所謂的「感質設計」[4](Design of Qualia; i.e., design for expressing Qualia) 主流趨勢，其具體之應用使古老的藝術文本可以運用新興媒體再生，此做法常見諸於今日傳播領域之影片設計中。影片中訴說著宋朝黃庭堅 (1045-1105 A. D.) 書寫〈花氣薰人詩〉(1087 A. D.) 之創作原由：北宋元祐二年 (1087 A.D.) 有一次王詵作一詩相贈，遲遲不見黃庭堅和答，只好送花催討，黃庭堅靈機一動，作〈花氣薰人詩〉表示近來熱衷修禪，缺乏靈感。對於先前答應和答王詵所做之詩這件事先暫時不予回應，但是又被居家

---

4 QUALIA─感質。這個名字是來自拉丁文「qualia」，意即 quality 品質。在拉丁文裡，「qualia」代表腦部針對無法量化的品質差異之認知功能，是一種非常微妙、難以言喻的感官活動。感質，構成人類感覺得一種獨特質感，心靈感動，讓人留下一生難忘的記憶，透過感覺、經驗、記憶、追求「幸福的感覺」；再將之寄託於「有形」的物體上，讓人們留下驚奇和感動。

庭院春日花朵開放時的香氣所感動，彷彿使平日修行禪定的功夫都被破除了，走出禪境，因此寫下了這首〈花氣薰人詩〉回應。

因而，前半段影片中以蒙太奇式影像語言創造出一個跨越北宋與臺灣當代的影像世界，從中訴說著宋朝黃庭堅 (1045-1105 A.D.) 書寫〈花氣薰人詩〉之創作情境。影片中形象廣告代言人林強化身為宋代才子黃庭堅在春日落雨的庭院裡，特別用閩南語雅韻吟誦出〈花氣薰人詩〉以和答王詵。

後半段影片中述說〈花氣薰人詩〉的故事情境和意境如何感動林強展開交融古今的音樂創作。影片中提到林強製作【驚蟄】(2006) 這張專輯的電子音樂創作時，需要去理解古時候詩詞的意境跟狀態，將傳統語彙在當代做出創新形式的表達，包含將流行性的電腦音樂跟古河洛韻文加以結合；這種形式與內容上的創新，如同臺北故宮的策展人將書帖原典以創新的表達形式再現於當代故宮展場。

在觀看這藝術文本互文性參照的過程中，觀者了解它如何感動今日的林強展開交融古今的音樂創作，以及如何影響策展人再現書帖原典於當代故宮展場，產生多元化展示的多媒體影像設計中，更重要的是從中彙整展現出一個創新的影像符號，除宣揚臺北故宮新形象外，亦據以闡釋中華母體文化之內蘊力量，受國際藝文界的矚目。這支影片具典範性，為「臺北故宮」一個新形象的建立做出貢獻，也以贏得該類設計在全球博物館界的最高榮譽之姿，為本國在國際上爭取一個發聲的機會。我們進一步區分出幾個大影段做影像符號

學的解讀，據以了解影片中由語意彙組織的影像語法結構，和討論重要的影像意符及其象徵性寓意（意指）。

2005 年 [花氣薰人帖] 之影像意指

影片開場描述形象代言人林強在山中品茗，除反應淵源悠久的茶文化仍落實在當代生活經驗中，品茗亦對應於中華文化中與儒家和道家之哲學思想交融後轉化而來的生活禪，於「茶禪一味」間點示出文人品味（蘇佩萱、梁家豪、黃健亮等，2012）。影片中再由幾個影像符徵，如黃蝶、茶湯、茶具等，透過蒙太奇鏡頭串接一系列古樸的棕色映像，這是一連串短鏡頭，形成一種「注解性語意彙」能令觀影者在開始時即感受到典雅氣質的氛圍（圖 8-13、圖 8-14）。細推論之，一隅棲息的蝴蝶會讓人聯想起「莊周夢蝶」，映襯著中國道家之「齊物」、「物化」的美學觀（陳鼓應，1993；吳光明，1992）；林強穿著唐裝，在山壑裡品茗，落實在當代生活情境中既詮釋著主人翁融入自然靜心凝神的雅興，也對應著觸發人思古幽情的禪意和禪境（圖 8-15）。

隨後，導演借用影像蒙太奇調度場景，轉而喻示身著文人古裝的林強，仿若北宋年間的黃庭堅，在士大夫官邸內靜坐、冥思（圖 8-16）；隨後，並以劇中主人翁林強的旁白聲音，像是內心靜思而發出的心音反響，成為「內在敘事涵聲音」符碼，為觀眾念誦著《金剛經》中佛所說語：「過去心不可得，現在心不可得，未來心不可得」形成註解，對應冥思（meditation) 的情境（佛陀教育基金會編，2001）。這部廣告

影片雖以影像之視覺表現形成為敘事的主要符碼，然而交織
搭配的影像次符碼的表現亦很精彩，包含為復古溫潤的、偏
暗色調的影像色調搭配柔光的設定、環境聲音內容（戶外雨
聲、音樂工作室的情境音等）、訪談對話聲音，以及念誦詩
句時低沉的口白、舒緩的襯景音樂風格等，尤其許多細微的
聲音內容作為聲音符碼寓意，產生出豐富的次符碼表現，襯
映著主敘事語意羣。

　　導演在這個大平行語意羣中，特別運用古今交替的畫
面，形成平行對照影段有二：其一，鏡頭拉到北宋年間儒家
士大夫黃庭堅吟詩；接續另一方面，觀者看到，鏡頭跳接到
當代林強一段電子音樂創作的歷程，說明今日的他如同能理
解古代詩的意境與黃庭堅作這首詩時的心境，與黃庭堅當時
肇發詩興的那種心情與感動產生共鳴，而後產生今日【驚蟄】
這一電子音樂作品的創新形式與內容。於是，觀者看到當代
的林強對著收音麥克風，用閩南語雅韻吟誦〈花氣薰人詩〉，
將此聲音內容錄製進入【驚蟄】專輯當中（圖8-17、圖8-18）：

　　　花氣薰人欲破禪，

　　　心情其實過中年，

　　　春來詩思何所似？

　　　八節灘頭上水船。

　　此外，觀者將發現在這兩場戲交替敘事的完成過程中，
有幾個如梅茲所稱的「自主性鏡頭」：為解釋性的插入鏡頭

以論述意指。其中，導演為揣摹「花氣薰人欲破禪」，使用一個短鏡頭描述浪漫的桃花盛開、落英繽紛之景，並借在盛開的桃花樹下身穿桃紅衣裙的女子身體嫋娜的擺動姿態，表現出因「花氣薰人」而產生浪漫的情思、澎湃的詩思，所以破禪而出，再與現實世界脫離，進入另一個「桃花源」世界（回應陶淵明所撰之〈桃花源記〉），象徵審美主體（黃庭堅）與客體（花香撲鼻一陣）的會通交感（圖8-19）。導演運用這類「自主性鏡頭」主要用來說明道家的隱逸美學觀，北宋士大夫黃庭堅在靜坐的時候是脫離儒家道統宰制的現實世界的。所以，這一連串品茗、靜坐、隱逸靜謐的世界、「桃花源」等影像符徵，實具語意上的關聯，表現出文人士大夫心之嚮往，更表達文人藝術精神此一文化象徵意涵。

　　綜論之，視覺語言與象徵符號透露出影片設計創作者所要傳遞的概念與形象，一個形象所顯現的並不僅是形象本身，形象背後更是富含著內涵意義 (connotative meanings)。當依循一個主題在創作的時候，常是處在特定的背景或文化脈絡下創造出一系列有意義的影像或物件。設計創作過程中產生的審美感受，本來就是對一種特定意義系統的感受 (involved in a specially contextual setting)；過程中，彭文淳和林強勇於突破現況，創造新視覺聽覺體驗，著力於創造出一個充滿體驗性的影像傳達媒介來與觀賞者進行對話，以藝術作品互文性 (intertextuality) 的結合，可以呼應當代新興的美學觀點（Su, 2003；陳品秀 譯，2009）。再者，黃庭堅居家生活中品茗、靜坐、作詩、寫書帖，形成一系列藝術表現

互文性 (intertextuality) 的參照，將生活經驗中感悟到的心境和情境視覺化，落實在書寫詩詞文字中，所謂的「詩書畫交融」，更呈顯出融匯「儒、釋、道」三家精粹的宋代文人藝術的內蘊。彭文淳導演的這支故宮形象廣告影片可視為是一種文化象徵符號，在當代特定的後現代文化脈絡中被認識，而且他以古典文本進行文化挪用、延異化，借「擬像」，傳播特定的中國文人藝術美學觀點（Chinese Literati Ethos；Su, 2011）。

2005 年臺北故宮 [花氣薰人帖] 之跨域轉義

影片中後段其時空拉回到當代臺北，第三場戲中說明林強音樂創作情境，影片中提到林強製作【驚蟄】(2006) 這張電子音樂專輯時，需要去理解古時候詩詞的意境跟狀態，將傳統語彙在當代做出創新形式的表達，包含將流行性的電腦音樂跟古河洛韻文（語音）加以結合。片中林強用古河洛語[5]念誦黃庭堅的〈花氣薰人詩〉，不管是視覺元素、聲音元素、還是文化語言元素的選擇，跟「故宮在臺北」之語意表達有確切關係，表示這一博物館文化機構傳承中華文化之正統。

當前國際社會多數不認同中華民國具政治主體性的正統地位，可是論及文化上的正統性，我們卻比在北京的故宮來得更具有權威性，呈現於影片的 90 秒裡面，借用豐富的

5　中原世族有兩次大規模的南遷，一次發生在魏晉南北朝，另一次則發生於五代十國，作為中原官方語言的河洛語言就這樣往南傳到閩南地區，並使閩南族裔傳承漢唐文化（葉朗，1996）；古河洛語是古代中國官話，延伸至影片中作為文化正統性的表徵。

視聽元素的交織，以及許多的影像內容都直接對應與說明我們有能力整合更悠久的歷史脈絡、更內蘊深厚的中華文化資產，是中華文化上的正統傳續者。此外，影片並說明〈花氣薰人帖〉是世界現存的千年墨跡之一，相對於西方的中古黑暗時代，流傳至今的千年墨寶非常珍貴，全世界沒有幾件，也表現臺北故宮典藏之珍貴性。

　　值得思考的是，本廣告影片結尾之平行語意彙結構中，藉書帖與多媒體設計的多種文本等跨域交融，呈現 [花氣薰人帖] 的多種變貌。它被呈現的方式至少有三種以上，以影像蒙太奇錯落交替在影片中末段出現：觀者或觀看到用電視螢屏群組，數大就是美般地播放美麗書帖所形成的展場空間裝置藝術；或運用電腦打字的數位影像呈現書帖文字內容的方式；或是將書帖轉為數位影像文本，動態切換投影於大螢幕而成多媒體影像，再一次指陳臺北故宮 [花氣薰人帖] 書法藝術文本之跨域轉義。這些視覺化的數位影像內容和蒙太奇影像語法結構，呈現出轉化古文本語意的創新性 (innovation)，呼應著結語廣告標語旁白：「老東西，新感動；OLD is NEW」（圖 8-20、圖 8-21、圖 8-22）。

　　"Old"（傳統）和 "new"（創新）是一個對立的概念，導演挪用了德國現代主義設計大師米斯凡德洛 (Ludwig Mies van der Rohe，1886-1969) 的「少即多」原則，所說的經典名言「less is more」之語句結構（王受之，1997）以形成這個廣告標語。「OLD is NEW」在此可被直譯成「舊即新」，當然舊不會是新，所以故宮說：「老東西新感動！」在此結

尾鏡頭中做注解性的表現。這是一個運用「自主性鏡頭」中「非主敘事涵插入鏡頭」(non-diegetic insert) 呈現於影片敘事外的虛幻世界客體，視覺上由白色牡丹之盛開所形成的影像語意，展現典雅的東方意象。其搭配著具定錨性的文字敘述 **OLD is NEW**，運用現代主義式的語句結構，與旁白聲音符碼所意指東方「相反相生」哲學思想而產生意蘊深長的語感，讓觀者感受到其間深具衝突、混搭之意趣。無怪乎這支作品榮獲全球博物館界設計競賽首獎，它表述著深奧的漢唐文化傳承，將儒、釋、道三家美學觀點同時呈現於書法藝術作品文本的視覺轉義，和象徵文化符碼的觀看與解讀之上，開啟嶄新的東方美學動能。

反思 [花氣薰人帖] 之美學涵義

〈花氣薰人詩〉，在這個文本的表現中，其能指路徑、能指的表現方式有多少種？在這支影片中被以投影、數位化電腦打字與林強的唱誦等方式呈現，這是為「能指」，即所謂被指涉項；我們可再進一步的藉由觀者拆解符徵，連同其原始文本內就已涵括的文字結構、字意、語詞，進行拆解，從觀看的行動當中擷取具有代表性符指意義的符徵，斷句拆解主要的語詞，將之視覺化演繹，比如前述的「花氣薰人」，以繁花盛開的境域，並對應影片鏡頭中插入桃花盛開的春景中人物對應，藉以描述黃庭堅因之引發如「八節灘頭」逆湧而上、澎湃的詩思，形成與禪坐中靜謐寂然情境之反比。

在這部影片藝術創作中，「花氣薰人」、「春來詩思」對應著道家的隱逸美學觀，劇中也節選《金剛經》中經文對應佛家的禪觀，同時，藉由詩詞創作、行文用語、文學體例表達儒家的士大夫文化。以 2005 年故宮形象的影片來說，它是一個媒體文本，同時也是一個重要的案例，能夠幫助觀者了解如何檢視這種類多元複合性的媒體文本、跨領域創作的媒體文本。

反觀，當代的音樂工作者林強在影片中所談到的，他感悟到的「美」是甚麼？是否為當代臺灣人所熟知？這也值得被思索。

故宮於 2005 年時，推動「時尚故宮」的品牌形象創新改造，邀請彭文淳導演、本土電子音樂前驅創作者林強，共同打造故宮的新形象。這支影片在 2006 年上半年，得到美國大都會美術館主辦「全球的博物館形象廣告影片」競賽的徵選首獎─繆思獎，這不僅是博物館界的最高榮譽，也是為臺灣爭取在國際上發光、發言的機會，是具有典範性的重要作品。藉由觀察影片內涵與象徵符號的呈現，觀者可討論：國立故宮博物院是什麼樣的博物館機構、如何代表孕育它的文化體系、其典藏的藝術作品可以呈現出什麼樣的美學觀點？並且，基於它表彰著一個當代觀者需在特定文化脈絡下被教育才能夠認識之理解基礎，該影片透露出什麼美學觀點？特別以林強為廣告代言人的故宮形象廣告影片中，它所呈現母體中華文化的美學觀與今日臺灣的文化人有何關聯，藉此可以進行何種反身性的思考？

　　這一個案例，事實上，可以幫助我們了解，影片中不僅述說中華民國國立故宮博物院典藏著世界現存千年墨跡之一「花氣薰人帖」，更用來討論在臺北的故宮博物院這一個文化機構正代表深厚的中華文化傳承，它開發出的形象廣告影片，透過跨平台的影像傳播，與今日政府積極推動發展文化創意產業、與國際接軌的國別形象相符。檢視這些互文複合性的藝術媒介，透過當代跨領域創作的傳播媒體文本闡釋文化寓意，已將前人的智慧加上當代的創意，創造文化創意的產值，並且能夠使古代藝術文化與當代生活緊密結合。

　　法國的哲學家傅柯 (Michel Foucault, 1926-1984)，因其著作《知識考古學》(1972) (L'Archéologie du Savoir) 而接受採訪時，曾道：「我相信一位作家不是僅單純地在寫作工作的完成上盡其本份；反而，終其一生他的主要工作是，能在他的寫作過程中反應出對自我生命的反思才是最重要的」(Ryan, 1993, p. 14) [6]。將此看法延伸至藝術創作實踐上，文人藝術家如黃庭堅，正將他生活經驗中積澱出的重要精神本質表達在他的書法藝術作品中，形成一種反思性的生命文本。北宋年間所奠立的中國文人藝術精神特質，因之是一種受到中國儒家、道家、印度佛學禪理影響下而形成的一種「心象」創作觀 (Su, 2011)。

6　Michel Foucault said "I believe someone… who is a writer is not simply doing his work in his books, but that his major work is, in the end, himself in the process of writing his books."

　　石濤《畫語錄〈一畫章第一〉》云：「夫畫者從於心者
也。」明確地指出一切的藝術氣象都是作者內在思與意的具
體反應；他又提出「畫不違其心之用」的理論，經過人的心
物交融轉化之後，形下的「器」（表現載體）才有形上「道」
（思與意）的內涵。因此，「心象」創作觀可分兩方面來
作說明：首先，對中國文人來說，著重於自我表達，強調
如何下筆即就，陳述他們的感受與思想，以寫意風格之藝術
實踐與其特有的品格相應，期許創作者在創作中將個人稟賦
性情作清晰的表達。文人藝術家黃庭堅的筆下行動是一氣呵
成的，藉簡單的筆觸立即、直接的呈現一種文人的心象。其
藝術的境界，是在最深的心源和造化相接觸的一瞬間中誕生
的，是當下即是的真實體悟和真誠表現。如同宗炳曰「神之
所暢」，米芾曰「平淡天真，不裝巧趣」，此時消融了理性
判斷，藝術創作者至此便可以獲致創作情緒的愉悅，甚至到
達虞世南所稱：「心逸自急也」，逸品 [7] 高妙的藝術境界。

　　因此，在中國文人藝術中至關重要的是去構想一種表達
訴求的形式，隱喻個人風格和個性特質，如同隱遁在都會中，
從生活經驗中反思，將生活內容形諸於繪畫創作中，我們看
到藝術家的肖像，不斷地進行如羅蘭‧巴特「反身換喻」

7　唐朱景玄《唐朝名畫錄》中，沿引張懷瓘的說法，始分畫為神、妙、
　　能三品，另加逸品一項，其書中說道：「神、妙、能三品，定其等格，
　　上、中、下又分為三，其格外有不拘常法，又有逸品，以表其優劣
　　也。」宋代黃休復作《益州名畫錄》，始推崇逸品風格在繪畫中的優先
　　地位，載云：「畫之逸格，最難其儔，拙規矩於方圓，鄙精研於彩繪，
　　筆簡形具，得之自然，莫可楷模，出於意表，故目之曰逸格爾。」（李
　　振明，2008，頁 4）

式 [8](l`autonymine) 的自我詰問（劉森堯 譯，2002）。因而，如林強影片中所說，在其電腦音樂藝術創造的過程中能與文人藝術家黃庭堅自我表達的經驗深刻的相連結。

　　承續文人藝術家精神，今日在臺灣的影像工作者，更進一步所產生這一種多元交融著東方人文藝術的內涵與西方電影語言的藝術實踐，比起原生的任何單一文化內容和形式，更具內涵深度，更具當前時代的意義 (Su, 2011)。如同董陽孜「妙法自然」書法的多種延伸性的變貌，正是這種類型的媒體文本，可以跨越文化差異、在國際社會上展現東方魅力，從傳統到創新、創造獨特的文化創意價值。

8　羅蘭‧巴特曾提出：「若別人將『Roland Barthes』視為一個『神話』，那麼其『Roland Barthes』這個符號對『Roland Barthes』這個人的意義到底為何？」「反身換喻」（l`autonymine）：將自身當作拆解的對象，既是意義的生產者也是接收者，主客體身分（我、你、他）同時在文本中交替變化，「反身換喻」流竄其中。

三、「東方意象」的時代意義

在中國文化背景中，儒、道的哲理，影響古代文人藝術家，其藝術創作實踐即是朝向「天人合一」[9]，萬物一體，道通為一[10] 的方向發展。相對於「志於道，據於德，依於仁，游於藝」的儒家精神（《論語》，〈述而篇〉）（錢穆，2004，頁181），文人藝術家們受到道家哲學精神啟發，從宇宙萬物生生不息的現象中觀照，來豐富個人內蘊的想像力，其對自然造化的探索使人具活潑的創造性。因此，以道家追求藝術美學的愉悅境界平衡了作為一個儒者對知識論理的嚴謹探索，發展出「整合性」的藝術人格。中國人在這兩種文化思想的平衡，使儒家和道家的思想達到一個動態的和諧，產生中國人文藝術精神的精髓。

觀察今日亞洲文創跨界創作展策展人或臺北故宮的主事者，深諳中國人文藝術精神和傳統，關注於原初古代文人藝術實踐的革新立意，獨具創見，能突破既定規範，以跨藝術領域（詩書畫交融）、具東方美學思想的整合性特性的創作，再造開創性的形象風範。在這當中，為具現其創新的立意，

9　所謂「天人合一」，對文人藝術家而言在追求自我改革，揭示了人類最真摯的內在本質，就如儒家、道家中論述的「道」，或佛教中的「佛性」的睿智與真知灼見，使中國中心思想的原理原則結合為一體。(Liu & Tu, 1970)

10　與儒家相比，道家莊子主張人本無相，天地萬物渾然一體，沒有差別相，人能去成心、無欲，世俗間即無差別相，道通為一。然後個人藉由「心齋」、「坐忘」，能離形去智，也就能達到「無己」的境界，一片虛空，無物我，無彼此，自然也無是非利害，達成萬物其一，死生如一之大道，融入和諧的宇宙韻律中（吳怡，1991）。

如臺北故宮的形象影片，即回歸最初的北宋文人藝術典範，強調如何結合即興抒情於藝術表達的感性與「儒釋道」交融於內蘊的知性，以古喻今，在當代音樂和影像藝術媒介中使其精神再現。

再者，二十世紀以迄當代的藝術設計工作者們，著力於探討如何改革中國傳統藝術傳承發展之面向、形式與內容，並引進西方現代化新形式的創新藝術之時，我們可以進一步反思，如果並非全盤西化，今日的我們在新時代中應當會追求什麼？

從十九世紀中葉，跨二十世紀迄今，東西方藝術與文化交流激盪，形成人類總體的現代化文明。Clarke(2000) 宣稱，回顧二十世紀中西方有些抽象表現主義藝術企圖將他們的創作實踐變成率直的、自發的藝術精神特質之表達，是因為他們深受到東亞藝術和文化（尤其是禪）的影響 [11]。今日由藝術家隨心所欲的表達在畫中形成自然直接的風格，自由表意、超越名相、心象的創作實踐精神，重新詮釋著「東方意象」，確具時代意義。

相對的，Sullivan (1989) 認為，當代華人學者或藝術家的思想觀念朝向現代化革新發展時，他們對於他們的傳統藝術深具自信，以致於他們不滿足於簡單地模仿西方藝術的風

---

11 自日本鈴木大拙（すずきだいせつ；D.T. Suzuki，1870-1966）將禪引介到歐美，西方世界將禪藝術當成是東方藝術中既神秘又精緻的表徵，影響西方現代藝術至為深廣。

格 [12]。譬如，前衛華人藝術家蔡國強自稱是一位中國文人，並在二十一世紀，在他的創意藝術表現中，聲明復興中國文人精神的重要性。

　　蔡國強 (2002) 回應一個訪談的問題並答道 [13]：

> 我認為在所有的時代裡，優秀的藝術家總是最終在其作品思想中投射出他們自己所身處的環境。今日，有些美國人說我是反西方的，說我促進民族主義思想的成長。然而，我只是透過簡單的行動回應。一位（中國）「文人」必須在所有環境下，在他的國家或是世界上其他地方，就其作品回應中國文人藝術的精神。否則，他將隨波逐流，並掩沒在歷史的洪流之中。

　　蔡國強重新正視其所從出的母體中華文化，對他在藝術創作時產生的影響，宣示相對於「西方」的「東方意象」，並不是「反西方的」，而是在表彰他個人主體的反身性意義，

---

12 " I realize that so confidently were they rooted in their own tradition that they were not satisfied simply to copy a foreign style. It had to establish its credentials in Chinese terms before they could make use of it." (Sullivan, 1989, p. 281)

13 Cai responds to an interview question and says:
" I thought that in all epochs, good artists always end up reacting to the environment they find themselves in. Today, some Americans say that I am anti-Western, that I fuel nationalistic ideas. And yet I act by simple reaction. A 'literati' must be alive with a spirit of reaction under all circumstances, in his country or elsewhere. Otherwise, he will be used, bought." (2002, p.124)

亦見與此時代精神相應。他回響應和著，文人的創新精神並不是落伍的或過時的風範，如同一個流芳百世的文化遺產，永遠深植於中國知識份子的心裡。於是乎，今日的觀者於欣賞藝術或影像設計創作者投身於創造行為時，我們應反思自己本具有的，探討詩歌、書法、繪畫、哲學、文學、歷史等藝術與人文資源，和其他當代擴展的專門知識領域上交互激盪，參照西方的影響，由新形式的影像創作中重新詮釋內蘊深厚的中華文化內涵。

圖 8-1：　2011 臺北世界設計大展「亞洲文創跨界創作展：董陽
孜 X 亞洲海報設計」，主題意象「妙法自然」(參考自「亞
洲文創跨界創作展：董陽孜 X 亞洲海報設計」展場文宣）

圖 8-2：　盧又榕（2011），朱焯信 [風鈴] 展場。攝影。
臺北市：松山文創園區。

圖 8-3：　盧又榕（2011），松井桂三平面設計展場。攝影。
　　　　　臺北市：松山文創園區。

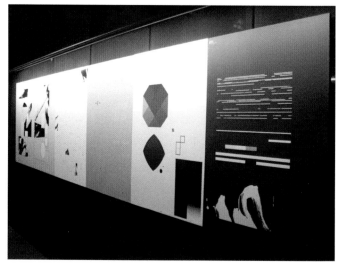

圖 8-4：　盧又榕（2011），聶永真 [看見語言] 展場。攝影。
　　　　　臺北市：松山文創園區。

圖 8-5：　盧又榕（2011），王志弘 [第二人稱視角] 展場。攝影。
　　　　　臺北市：松山文創園區。

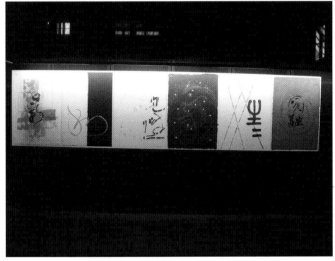

圖 8-6：　盧又榕（2011），龔維德 [共舞] 展場。攝影。臺北市：
　　　　　松山文創園區。

圖 8-7：　盧又榕（2011），龔維德 [共舞] 展場（作品局部）。
　　　　　攝影。臺北市：松山文創園區。

圖 8-8：　盧又榕（2011），黃炳培 [妙法。自然。] 展場。攝
　　　　　影。臺北市：松山文創園區。

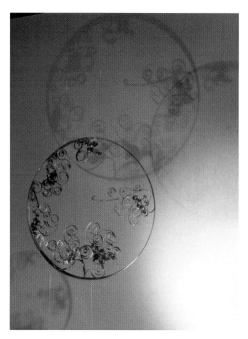

圖 8-9： 蘇佩萱（2012），[蝶夢 · 夢蝶]，銅雕工藝（陳姵君
授權本書作者於【虛實之間 · 人我關係─陳姵君金屬
工藝創作個展】展場攝影，2012 年 12 月 29 日）。攝影。
新北市：國立臺灣藝術大學。

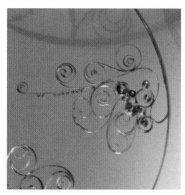

圖 8-10： 蘇佩萱（2012），[蝶
夢 · 夢蝶]（局部特
寫），銅雕工藝。攝
影。新北市：國立臺
灣藝術大學。

圖 8-11 ：形象廣告 [OLD is NEW] 影像截圖（國立故宮博物院授權開放瀏覽和影片下載）（作者製圖，參考自：國立故宮博物院形象廣告「OLD is NEW」，多媒體下載— 影片類，http://www.npm.edu.tw/zh-tw/downloads.htm）

圖 8-12：宋黃庭堅 [花氣薰人
　　　　帖] (1087 A. D.)，國
　　　　立故宮博物院典藏
　　　　（引用自：國立故宮
　　　　博物院官網授權開放
　　　　瀏覽和下載，http://
　　　　www.npm.edu.tw）

圖 8-13：開場茶杯特寫[14]

圖 8-14：開場蝴蝶蘭特寫

圖 8-15：林強品茗狀態

圖 8-16：仿黃庭堅品茗狀態

圖 8-17：仿黃庭堅吟詩的狀態

---

14 圖 8-13~ 圖 8-22，高怡潤製圖，2013；參考自：國立故宮博物院形象
　廣告「OLD is NEW」，多媒體下載— 影片類，http://www.npm.edu.
　tw/zh-tw/downloads.htm

圖 8-18：林強吟詩並進行電子
音樂創作的狀態

圖 8-19：盛開的花樹寓意「花
氣薰人」

圖 8-20 ：電視牆群組播放 [花
氣薰人帖] 之展場裝
置藝術

圖 8-21： 數位化文字呈現並投
影於大螢幕的多媒體
影像

圖 8-22： OLD is NEW

第九章　紀實性的審美符號

第九章　紀實性的審美符號

　　蘇珊・桑塔格 (Susan Sontage) 在 1978 年發表〈影像世界〉(The image-world, On Photography)，文中即開宗明義地論述「影像紀錄詮釋出現實世界」("Reality has always been interpreted through the reports given by images")，並且它是個虛像的世界 ("illusions")，人們運用它表現出對現實世界的反響 [1](Evans, J. & Hall, S., 2004, pp.80-81)。

　　蘇珊・桑塔格進一步說，在現實世界中事物存在著或事件發生著，並繼續不斷的存在與發生；然而，在影像世界裡事物之存在或事件之發生同時就已被永久的留存下來。今日

1　作者翻譯；原文引述自 "The credence that could no longer be given to realities understood *in the form of* images was now being given to realities understood to be images, illusions. … Most contemporary expressions of concern that an image-world is replacing the real one continue to echo" (Evans, J. & Hall, S., 2004, pp. 80-81).

人們以一種前所未見的速度快速的消費影像，「攝影變成是一種文明病，也是一種解毒劑，人們用它盜獵掠影，記錄現實世界，同時使它成為過往印記」[2]。換句話說，「攝影之影像表現超越於現實生活經驗，擴充表達出人們於生活情景中被觸發的、所親身經驗的情感」[3](Evans, J. & Hall, S., 2004)。

於是，攝影可不再僅是複製現實的工具，它可以形成新的表現寓意。當代臺灣觀者處在東西方思潮交互激盪的大時代中，參照西方文化的影響，由不斷衍生的創新性的影像藝術中重新思考自己的母體文化，使詮釋人文影像符號現象具有個人主體性的意義和文化的象徵寓意。本章以下各節以作者個人紀實性的影像作品加以討論：

一、論真實與擬像

美國的自然攝影理論和純粹攝影的觀念對傳統風景攝影影響甚大。Peter Henry Emerson (1856-1936) 在 1885-1893 年間發展了一套「自然式攝影」(Naturalistic photography) 理論，將有關最忠實影像的形態，稱之為 Naturalistic；即為產生一件好的攝影作品，需講究主題、光線、構圖取景與焦距

---

2 作者翻譯；原文引述自 "Cameras are the antidote and the disease, a means of appropriating reality and a means of making it obsolete." (Evans, J. & Hall, S., 2004, p. 93).

3 作者翻譯；原文引述自 "For photographic images tend to subtract feeling from something we experience at first hand and the feelings they do arouse are, largely, not those we have in real life." (Evans, J. & Hall, S., 2004, p. 87).

的選擇，使在適合的自然環境下拍攝自然的主體，作品其後不需再經人工技術處理。Sadakichi Hartmann (1869-1944) 另於 1904 年[4] 提出「純粹攝影」[5](Straight photography) 概念：

> 藉著你的眼睛、你的相機、你的品味和你的構圖知識；考慮色彩、光線、形體，再研究線條、明暗和空間關係，耐心的等到你的取景窗浮現符合你要求的感覺或物體，並組合成期望中之最佳構圖，此時按下快門紀錄在底片上，使得這張照片完全不須修補變造。（趙樹人，2000，頁 27）

其趨向以精謹手法來紀錄靜物、建築、山川，特別是以光影、形體和質地來做表現內容，運用攝影之精細詳實紀錄特質，來創造明晰的美的形式。亦即，運用精確且直接的呈現被攝物或被攝地之各層面本質的攝影方式，可使攝影具有極細膩的呈像表現，以豐富的色調表現主題，同時紀錄風土人情。

---

4 Sadakichi Hartmann 1904 出版專文：A Plea for Straight Photography, American Amateur Photographer 16, March 1904, s. 101-109, Newhall 1980. s. 185-188 (4 s.). 後被編錄在 1978 加州大學出版專書：Hartmann, S.(1904). A Plea for Straight Photography. *In The Valiant Knights of Daguerre*, Edited by Harry W. Lawton and George Knox. Berkeley: University of California Press, 1978, pp. 108-114.

5 純粹攝影是在 1917 年左右被正視，受到這時期美國的攝影師逐漸認同，如 Paul Strand，Edward Weston，F64 攝影團體，歐洲方面也有 Jean Eugene August 呼應相關主張。

　　若以紀實為手段，攝影紀錄工作者即在扮演一種中介者的角色，透過機械攝影機、電子攝影機（及錄音裝置），去捕捉個人所感知的真實世界的人、事、物；然而，什麼是「真實」？攝影機捕捉到的真實世界，所謂的「真實」，化成再現式的影像，以某種次序組合、展示，也是代表對真實現象世界的一種選擇與詮釋觀點。鏡頭下這些事物和現象，從此脫離時間與空間原先對它的限制，永遠鮮活的存在，成為富含寓意的「擬像」。

　　布希亞論「擬像」與「擬仿物」(simulacrum) 時提到，擬仿複製自然造化之工後的作品，並非紀錄一個精確無誤的事實真相，卻是超越真相，形成再現的影像 (representation of images)。布希亞說：「當一個物體完全相似於另一個的時候，它並不真的像，因為它有點像得太道地了！⋯它並不是一個精確無誤的真實，但卻是一個具有僭越性的真相，早就在真實的另外一邊發生」（洪凌 譯，1998，頁212）。因此，我們得以瞭解到，這一種由擬像堆積而成的擬仿物往往比真實更加擬真，可以更具有個人的表達意味，於是乎人縱身於大自然，把持一心與自然實景對應，相逢之間，時時興發另一種觀看世界的方式與觀感！相對而言，攝影師的「擬像」，幫助觀者直視實景之再現，在不同的詮釋意義的角度下，再進一步產生更加能對映觀者自身的不同觀點，而使影像作品呈現新的特質、意義和美學觀。

　　攝影大千世界現象時，此間「虛景—實境」共生、「外觀—內明」互顯。在現實生活經驗中，青山白雲、彩霞流水、

春花秋月，自然事物本就比現實社會化事物更容易牽動詩情畫意，易引起審美興趣，使人拋開侷限於現實利害的觀點，置身於美感事物的欣賞。另一方面，欣賞攝影作品時，若觀者本身全神貫注，感覺到心裡面去，即是主客體間互相觀照，甚或可達到「物我雙泯」、「物我合一」的審美境界；易言之，人用審美的態度去觀看的結果，主體所保持的審美心理距離，其目的是朝向客體的，即朝客體的形象性的呈現，亦是一己心象上的呈現。在這審美過程中，對「美」的境界的掌握，如同禪門有句重要的話：「能作得主嗎」？面對攝影這一影像藝術媒介，其具體的表現在人主動的感知形象上，它是一種複合性的影像創造，攝影師作得了主，才有自己之天地，才能胸羅萬象，而又神遊物外，正所謂的揮灑自如；相對地，當代觀者「觀看」再現的影像與「觀照」其內涵意義的過程中，將原有的視覺符號「延異」，並產生多義性詮釋，在一個意念交流循環過程中知覺和認知，並藉由返回自身，達到一個自身適當的位置。

　　譬如，2008 年四月初，在日本京都清水寺漫步時，刻意取景，用鏡頭對切水天，鏡射一池渾沌（見圖 9-1）。照片中前景紀錄著落櫻紛紛與優游肥魚交融之情景，彰顯池裡的春意盎然；另外，觀者可以在照片的中遠景處，看見到池畔之人群雜沓、川流不息的在春天時節賞櫻。在此人多吵雜的環境中，刻意用鏡頭將觀景後心中之「騷動」格放，將池中「渾沌」與人群「騷動」視為符徵，換個角度想，欣賞它，同時在觀景和觀影中召感，懷想起千年前東坡詞文佳句，於

內心中吟誦著：「似花還似非花，也無人惜從嬌墜。拋家傍路，思量卻是，無情有思」√曉來雨過，遺蹤何在？一池萍碎。春色三分，兩分塵土，一分流水」（蘇軾・水龍吟）[6]，於是，在最擾嚷的午后，眼觸境外騷動而能依止於心中靜謐處！

二、鏡像，喻水性與禪心

「水似禪心涵鏡像，水如道眼印天光，水居一種真三昧，只許水居人廝當」—元代杭州天目臨濟宗中峰明本禪師偈。

審美的關照是種心靈資糧，可讓人超越名相，凝神間得剎那心地休歇。若得心地休歇，即謂之生清淨心！世上的一草、一木、一指，甚至一佛、一棒、一喝，禪師皆可用來示現禪機，讓世人體悟出一種哲思與藝術美感相合為一的人生之道。觀者若習以攝影鏡頭取景，縱身大自然間觀察，見流動之水與附載流水之地景交融下，體悟水性可謂變化萬千！

［水，質與意・北美］(2007) 攝影系列中展現出對水性的觀察與內在心象的投射，藉在美、加邊界尼加拉瓜瀑布 (Niagara Falls) 附近所拍攝的大水滾滾騷動、岸邊擱淺、瀑布水氣蒸騰、河道高低落差跌宕現象，以描述水質凝厚、凜

6　〈水龍吟 次韻章質夫楊花詞〉：「似花還似非花，也無人惜從嬌墜。拋家傍路，思量卻是，無情有思。縈損柔腸，困酣嬌眼，欲開還閉。夢隨風萬里，尋郎去處，又還被鶯呼起。不恨此花飛盡，恨西園，落紅難綴。曉來雨過，遺蹤何在？一池萍碎。春色三分，兩分塵土，一分流水。細看來，不是楊花，點點是離人淚。」蘇軾作於宋元豐四年 (1081)，〈水龍吟〉被王國維譽為「詠物之最」，時值蘇軾被貶黃州的第二年，可視為蘇軾於貶謫之後調適期，將人生低潮的考驗轉化後，興發於詞作（郭秉穗，2010）。

列，且滔滔聲如震雷的盛大之勢，因而題名作品為［滔水］
系列—［騷動］、［擱淺］、［凜冽］、［蒸騰］、［迴轉］，英
文名為"Thundering water"（蘇佩萱，2008a，頁 8-13）（圖
9-2、圖 9-3、圖 9-4、圖 9-5、圖 9-6）。相對的，鏡頭下加
拿大哥倫比亞冰川地區 (Columbia ice field, Canada) 清冷碧
綠的水色中萬年迴旋足以鑿穿巨石的漩渦、美國亞里桑納州
紅岩區州立公園 (Red Rock State Park, Arizona) 內靜靜流淌
的小溪中反照的炫光與殘弱微漾的虛影（圖 9-7）、環抱美
國紐約州紐約市暮色下的哈德遜河如一抹銀帶纏繞 (Hudson
River, New York City, New York)，所要突顯的正是潺潺水流
的靜謐之境界（圖 9-8）。這兩種對比情境，不正是流動之
水與附載之體性交融下變化萬千之象！

美國賓夕法尼亞州大學城塔西山中 (Mt.Tussey, near State
College, Pennsylvania) 水影系列作品 (2007)，其中［風的痕跡］
呈顯水面如大自然反照之鏡 (representations of reflection on
water)，紀錄其間微風吹拂、水影舞動的痕跡，反應我心內
當下的清淨，如那一灣日中水月（蘇佩萱，2008a ，頁 18）
（圖 9-9）駐足於盛日下，見清潭幽深飽和的水色，攫住了
目光，水面平靜無波，清晰映照岸邊密林，雲薄如絮、拂掠
藍天；過曝的白沙地與幽玄的湛藍天色正是對比，鏡頭下水
天竟相連成一氣，了無痕跡，當見水不是水、水面消失當下，
心中橫生妙趣，反地為天：正所謂的「取相不見相」，反置
「虛」（水中藍天）與「實」（曝白澤畔），同時並置「虛」
與「實」，讓觀者在靜謐［水鏡］中，一眼即見那潭水間一

灣日中水月，亦虛且靜，且映照過客如我心內當下的清淨（蘇佩萱，2008a，頁 19）（圖 9-10）。接下來隨手拾起小石劃破虛靜，投石問「心」，打得老遠，水起漣漪如「浪」，無意間，實實在在的玩心盪漾，正與水中嬝娜的枝椏虛影共舞，剎時水面映照出如風動林梢之姿，何許暢意！於是，[水影之舞]（蘇佩萱，2008a，頁 16-17）（見圖 9-11）是一幅當下即成的，藉大特寫取景漣漪之一角，反置成具藝術性的攝影作品。這三張攝影作品，[風的痕跡]、[水鏡]、[水影之舞] 形成一系列的影像符號，具心象般的象徵寓意，鏡頭下意指一切流動現象之不可住著，從不動、到狂舞、到輕曳、到漸次停歇，投一石、問三章，對應了一顆願意時時自省覺察「應無所住」的心（《金剛般若波羅蜜經》，佛陀教育基金會編，2001）。

　　這些藉景「寫意」式的風景攝影文本，鏡頭下直指涵義為：了見水性，相即是性，喻此為「法流」[7]。水性表象清瑩，流通浩用，雖然所流經的環境與範圍不同，但皆可洗滌穢垢；觀者若以般若性空義理再觀照流水，亦可洗滌胸中塵勞，顯心體清瑩而得清涼自在。是以，藉大自然之萬象，觸悟內心所攀緣之境中見自性，是何許重要！

　　禪宗六祖下第五世，曹洞宗祖師洞山良价悟本禪師過水，見水影說偈曰：「切忌從他覓，迢迢與我疏，我今獨自

7　《無量義經》云：「善男子！法譬如水，能洗垢穢，若井、若池、若江、若河、溪、渠、大海，皆悉能洗諸有垢穢。其法水者，亦復如是，能洗眾生諸煩惱垢。善男子！水性是一，江、河、井、池、溪、渠、大海各各別異。其法性者，亦復如是，洗除塵勞等無差別，三法、四果、二道不一。」(CBETA, T09, no. 276, p. 386, b3-8)

往，處處得逢渠，渠今正是我，我今不是渠，應須恁麼會，
方得契如如」（《正續指月錄（貳）》，卷十六，頁 609）。在此，
洞山良价悟本禪師是以流水啟悟善觀水性之行者，則流水不
是水，流水在禪師的眼中已經是超越流水。流水亦不止於逝
者如斯，故元代杭州天目臨濟宗中峰明本禪師[8]詩云：「水似
禪心涵鏡像，水如道眼印天光，水居一種真三昧，只許水居
人廝當」（釋明本，2001）；上述水影系列作品三幅，水面如
自然反照之鏡，從動到靜，水影舞動的痕跡漸次歇止，反應
當下一心的清淨，與一灣明澈的日中水月相應，正適以說明
箇中禪機妙理；再者，攝於美國亞里桑納州紅岩區州立公園
內靜靜流淌的小溪中反照著太陽的炫光與殘弱微漾的虛影反
映岸邊樹影婆娑，借用「鏡像」以地映天的方式，擴大景框
中視野範疇，另藉縮小光圈即可產生的星芒光的攝影效果，
表達觸境領悟剎那間的心中靈光。這些藉景「寫意」，並討
論在美國攝影取景過程，觀者如何投射受大水召感撼動的內
在心象，轉化成為影像符號，所要突顯的「涵義」，指涉中
峰明本禪師的「水居三昧」的靜謐境界。

　　進而，我們發現鏡頭下充滿姿彩的實像世界，一切轉呈
影像躍然紙上，盡為虛構的「擬像」，亦契中虛與實「相入
相攝」之箇中深義。因而能盡顯大自然造化變遷中虛無作用
的本質，化現於平面攝影作品中，揭示隱喻「無常」的初衷

8　中峰明本 (1263-1318)：六祖下二十三世，嗣法於高峰原妙，有《天
　　目明本禪師雜錄》三卷、《中峰和尚廣錄》三十卷行世（《續指月
　　錄一伍》，卷七，頁 1591）。

與影像藝術創作「擬像」的本真。在鏡頭擷取水景意象呈像的創造下，藉由影像的細膩鋪陳，大自然的生命力可逐漸顯現於藝術作品中，源源不竭。

三、影像蒙太奇喻禪思

2006-2007 年間赴印度、尼泊爾進行視覺文化踏察過程中，觀察東北印度比哈省、北印度德拉敦特區附近 (恆河流域上游)、尼泊爾藍毗尼園附近地方，紀實性地記錄著這些地區的自然景觀、地理環境和人文情境，將觀看的真實素材加以匯集，包含文字、音樂、攝影照片及紀實影像，轉化成一部具說明性 (expository)、觀察性 (observational) 的紀錄片【佛國旅跡見聞：般若行】(2008)（圖 9-12）。為構成一部紀錄片，需要運用形象思維來構思，並運用影像語言的表達方式來進行論述，針對影片編碼製作當中所需考量的元素與技術，就表現結構中攝影、燈光、色彩、成音、剪輯和語意羣 (syntagmatique) 結構六部份，加以組織，以陳述導演觀點（蘇佩萱，2012）。

本節特別討論「語意羣結構」如何構成，以影片片頭影段進而說明，其為梅茲所謂之「注解性影段」(Bracket syntagma) 的表現，為一組短鏡頭群的銜接，將情境解構，以非順時序關係組合一個個紛陳的主題物，視為符碼，表徵今日在與佛教義理相關的文化情境中所發生之現象；亦即在符碼化的歷程中形成「注解性語意羣」，使觀者在觀影的開

始即已瀏覽片中群像。藉快速的切換影像，或精簡的直述影片即將陳述的重要內容、或隱喻著多元交雜的印度文化背景，並藉此強調影片所要呈現之整體寓意關係（表9-1）。

　　這樣的表現手法適合於以表達「概念」為出發的影像創作，亦能被運用在編輯紀實性的影像以闡述特定論點。本片為論述佛陀　釋迦牟尼，一生禪定與智慧的「般若」行跡，啟迪產生出導演觀點，以「非敘事涵語言」（非由劇中人物所說的話語）在片頭旁白聲音插敘（蘇佩萱，2008），如下述：

　　　　如同一抹天光雲影乍現般，這是一段浮光掠影的紀錄。踏上南方那塊黑暗靜默又生機勃勃的大地，追隨佛陀的足跡走訪印度北部、東北部，從城市到窮鄉僻壤間，過程中有太多的衝擊感受積澱在胸口！在這真實的印度土地上，我明白了真正的愛是大愛，是讓眾生靈性生長的觸媒。佛法將有八萬四千面目，源自一個不增、不減、不明、不滅的本心。

　　　　憧憬著和嚮往著的印度文明古國，幾千年來智慧的積澱；冥想著在那塊南亞次大陸上，恆河東流，孕育子民。大河文化的精髓，由一個充滿自信、敢於創新的覺者　釋迦牟尼佛，在兩千六百多年前所突顯，並隨佛法的傳揚表露無遺。

　　此外，本片為呈現一種平實的影像風格，多為在拍攝現場直接構思，決定拍攝對象物如何入鏡、如何運鏡做場面調

度等，不強調美麗畫面的堆砌，不強調影音特效，多以紀實性的影音內容鏡鏡相連，前後交疊處作溶接 (dissolve) 影像的處理，或段落間作淡入淡出的效果 (fade in & out)，以此類「軟切」(soft cut) 的手法來使影像表現得較具順暢性，從中敘述遊歷過程。其中亦有部分鏡頭，是在影片後製時期運用視覺特效將影像交疊（疊影），以「圈入、圈出」之特殊技法 [9] 加入其它鏡頭，讓聲音內容延續，同時影像上卻交代異地發生的兩條或數條情節線，迅速而頻繁地交替剪接在一起 [10]。另一方面，在音效設計上，為配合著片頭影像具延續性地記述多個場景，或抽離或壓低多音軌的環境聲音內容及襯景音樂，交織出迅速而頻繁地交替的聲音內容，使觀眾聯想紛雜的情境 [11]，這都是「交叉式蒙太奇」[12] 語言的運用（李彥春等，2002）。如此呼應著導演對八大聖地及恆河流域印度教三大聖地考察中觸發之個我觀點，後續在影片中做完整的探討：片中再依 釋迦牟尼佛一生行誼之時間先後順序，呈現十九個主要段落，包含佛本生記事、隨行即景的視點、

---

9 用 Adobe After Effect 視覺特效軟體先將鏡頭部分內容作遮罩並加羽化效果處理 (applying "feather and mask")，再匯入影片編輯軟體 Adobe Premiere 中使用。

10 此類作法具體表現在片頭 (Timecode: 0:00:10~0:02:10)。

11 此類作法抽離純敘事涵語言（劇中人物所說對白），保留部分與影像畫面相符之真實聲音，並加上情境音樂設計 (Timecode: 0:00:10~0:02:10)。

12 交叉蒙太奇：將同一時間不同地域發生的兩條或數條情節線迅速而頻繁地交錯剪接在一起，其中一條線索的發展往往影響另外的線索，各條線索相互依存，最後匯合在一起 (張健，2002)。

專家訪談內容，互相穿插，或以對白、或以旁白方式，加以作影片影像內容之註解。

　　同樣的，「注解性語意羣」的表現於片尾綜結出本片要義，以《六祖壇經》經中偈語：「有情來下種，因地果還生，無情既無種，無性亦無生」作為片尾開場註解（慧能，1979）。繼而，天台宗仁朗法師和幾位現居北印度德拉敦之藏傳佛教仁波切之開示，說明佛教修行人自期能追摹佛陀宗風，「悲智雙運，上求智慧以解脫，下化眾生而離苦」，實乃禪行之歸趨（李昌頤，1983）[13]。最後，作者摘述禪宗六祖慧能大師開示作結語：「不思善 不思惡，自明上座本來面目；智者瞭達其性無二，無二之性即是佛性；見性之人，去來自由，無滯無礙，應用隨作，應語隨答，心體無滯；一切處所，一切時中，念念不愚，常行智慧，即是般若行」（見表9-2）。亦即，搭配上述內容的這些鏡頭影像缺乏確切的時間性，被組成簡略的段落以描述「概念」為主。

　　在此以梅茲電影符號學分析方式檢視鏡頭與段落其間連結關係，釐清影片影像構成的幾種手法。首先，片頭為一組短鏡頭，呈現在印度現實世界中發生之事件場景，以非順序關係加以組合，可用來說明梅茲所說的非按順序的語意羣種類中「括弧語意羣」，以注解性影段呈現「浮光掠影」之意象；片尾亦是如此處理，綜結「般若行」涵義。繼而，片中十七個單元篇章可視為由多個鏡頭構成的單元語意羣，運用各個

---

13 【佛國旅跡見聞：般若行】（蘇佩萱，2008）；Timecode 0:51:56~0:57:12.

單一鏡頭串聯、或由與其他不同類型影像彙整所構成的獨立片段。

再者，本片在語意羣結構的探討上，還使用了三種方式。其一，前往相傳佛陀雪山苦行之地這一轉場影段(0:06:55~0:07:30)，是以串聯式的鏡頭組合，是直線敘述的語意羣之中以「場」的概念為主導所建構出的具體單位。其二，在林保堯演繹說明鹿野苑內達美克大塔塔身上的蓮花紋樣這一專訪影段中 (0:20:07~0:21:13)，場景中為搭配林教授的口白內容重點，按口白內容順序依序組織一組很短的靜照鏡頭，輔以解說印度的「白蓮花」與「生命之花」的寓意，形成梅茲所說的「專有之段落 (séquence proprement dites) 中的『插曲式的段落』」(圖 9-13)。其三，拘尸那羅涅槃堂影段中 (0:48:35~0:50:05)，運用「敘述的語意羣下的『輪替的 (敘述) 語意羣』」方式，表現約兩千六百年前的佛陀涅槃時刻，和 2006 年元月考察團隊成員們繞涅槃塔後為涅槃佛陀造像披覆上紅色袈裟，如兩千六百年前的佛陀身旁弟子之行儀一般，將這兩組語意羣的鏡頭交錯出現，以示事件進行的同時性（劉森堯 譯，1996，頁 141-143）（圖 9-14、圖 9-15）。

所以，【佛國旅跡見聞：般若行】將真實場景攝錄鏡頭和靜態照片做動畫處理兩種手法相融合，以蒙太奇影像語言為基礎語法，在連貫性敘事的基礎上，將重要的事件分解成系列鏡頭，從不同的側面和角度捕捉與渲染事物的特徵，使成影音之有機結合，製造出多重複合的擬像，表現跨歷史時空片段的文化記憶，並表達超越性的思想和情感 —「禪」行與思。

　　影像世界充滿著具特定意義的符號系統。當運用符號學
方法建構影像時，即是進行影像編碼的過程，據此整理出
有特定形式意味的紀實攝影和影片以詮釋禪定與智慧。然
而，這類型影像創作是將擁有多重意向特色的連續影像加以
組合，依論述意旨或敘事需要，而產生一系列的影像符碼語
言，使能衍生一連串的意指外延意義 (denotation) 與內涵意
義 (connotation)。

　　根據 釋迦牟尼佛的教導，佛教徒一生將在因果業力
(Karma) 輪迴 [14] 中，實行非極端主義的中庸之道，遠離極端的
肉體放縱與相對的自我苦行淬煉，提升智慧、道德與靈性精
神的涵養。另一方面，佛陀強調中庸之道，同時允許佛教與
當地的信仰、習俗、及當地的制度和平共存，因地制宜融入
印度這個多元化的社會體系 [15] 中。以謙遜自持的生活態度，
接受包容社會的多元性，成為印度佛教文化的特色。

---

14 古印度人根據《奧義書》(600-300 B.C.) 的教導，以「輪迴」和「因
　果」這個理論幫助人們潔淨自己的心靈，並藉由統合「婆羅門」和
　「自我」來追求更高的心靈目標—「梵我合一」。我們可以輕易地
　發現在印度教、錫克教、佛教、耆那教中，都擁有相似的信仰元素
　(Su, 2007)。

15 在南亞次大陸，有一個廣闊的大地叫做「婆羅多 (Bharata)」，從吠
　陀時期 (Vedic Age, 1500-800 B.C.) 至今日，統御這塊土地的人類沿
　著恆河 (the Gang River)，以嚴明的種姓社會體系為主宰，與多重種
　族、信仰、社會階級及社會制度間的互動為基礎，建立起一個複雜
　多元且內蘊豐富的印度古文明。這是一個人們虔信宗教的國度；印
　度人將他們的生活與生命價值建立在如實奉行各式各樣的宗教靈性
　修行上。因此，多樣化和兼容主義成為印度文化的主要特色，而印
　度藝術也具有相同的特質元素 (Su, 2007)。

　　特別的是，印度佛教藝術與文化強調象徵性 (symbolism)，藉由觀看影片中呈現的一些具象徵寓意的憑藉物，觀想它，就如同它們是佛陀教義的象徵媒介，描繪禪定的、寧靜的、智慧的世界。觀者藉此觀照這內心中與佛陀相應的思考模式，來淨化個人主體的精神。於觀影中，觀者藉由「解讀」佛教藝術與文化在當代印度的發展面向，同時也解釋其神聖的宗教象徵寓意，如何深刻的銘記在佛教徒的虔信生活中，引導每個人重新思考人生價值，轉化出積極修學禪定與智慧的思惟，落實在生活實踐中。據此，將所被紀錄的影像視為具生命力的存在表式，通過光影與色彩的捕捉，形成有意味的美感形式，透示著禪行的象徵性內涵意義，直指一切流動現象不可住著，對應一顆時時自省察覺「應無所住」(《金剛經》) 的心（楊惠南，2001）。

表 9-1 ： 蘇佩萱 (2008)，【佛國旅跡見聞：般若行】片頭重要影
　　　　像截圖集成

（本書作者製表，2013）

（本書作者製表，2013）

（本書作者製表，2013）

表 9-2： 蘇佩萱 (2008)，【佛國旅跡見聞：般若行】片尾重要
　　　　影像截圖集成

（本書作者製表，2013）

（本書作者製表，2013）

（本書作者製表，2013）

圖 9-1 ： 蘇佩萱 (2008)，[一池渾沌]。攝影。日本京都清水寺
　　　　(きよみずでら / Kiyomizu-dera,Kyoto) 池畔一景。

圖 9-2：　蘇佩萱 (2007)，[滔水　·　騷動]。攝影。美國：
　　　　　美加邊界尼加拉瓜河中游。[16]

圖 9-3：　蘇佩萱 (2007)，[滔水　·　擱淺]。攝影。美國：
　　　　　美加邊界尼加拉瓜河中游河岸一隅。

16　圖 9-2~ 圖 9-11，引自蘇佩萱 (2008a)，《飄風任運萬里行：蘇佩萱
　　影像紀錄創作》，頁 8-23。

圖 9-4： 蘇佩萱 (2007)，[滔水 ・ 凜冽]。攝影。美國：美
　　　　加邊界尼加拉瓜河中游河岸一隅。

圖 9-5：　蘇佩萱 (2007)，[滔水　‧　蒸騰]。攝影。美國：美
　　　　　加邊界尼加拉瓜瀑布近景。

圖 9-6：　蘇佩萱 (2007)，[滔水　‧　迴轉]。攝影。美國：美
　　　　　加邊界尼加拉瓜瀑布遠景。

圖 9-7：　蘇佩萱 (2007)，[流淌 ・ 淨鏡]。攝影。美國：亞
　　　　　里桑納州紅岩區州立公園內。

圖 9-8：　蘇佩萱 (2007)，[流淌 ・ 靜境]。攝影。美國：紐
　　　　　約州紐約市暮色。

圖 9-9：　蘇佩萱 (2007)，[風
　　　　的痕跡]。攝影。美
　　　　國：賓州塔西山中。

圖 9-10：　蘇佩萱 (2007)，[水
　　　　　鏡]。攝影。美國：
　　　　　賓州塔西山中。

圖 9-11：蘇佩萱 (2007)，[水影之舞]。攝影。美國：賓州塔西山中。

圖 9-12： 考察南亞 (印度教、佛教) 宗教聖地集錦（參考資料來
　　　　源：蘇佩萱，《般若意境》，2008，頁 11-12）

圖 9-13： 2007 年林保堯演繹說
（左中）　明鹿野苑內達美克大
　　　　　塔塔身上的蓮花紋樣
　　　　　寓意 [17]

圖 9-14： 2006 年考察團隊成員
（右中）　們為涅槃佛陀造像披
　　　　　覆上紅色袈裟

圖 9-15： 兩千六百年前的佛陀
（左下）　涅槃時刻之擬像再現

---

17 圖 9-13~ 圖 9-15，引自蘇佩萱 (2008)，【佛國旅跡見聞：般若行】，
　　作者製圖。

結論

結論

一、符號之後設解讀

　　符號學式的討論過程中，使用語言與指出引用 (quotation) 語言有所不同，而對象語言 (object language) 與後設語言 (meta language) 亦有所不同；「對象語言」是使用語言來討論某些對象，但「後設語言」則是使用語言來討論那些套用來討論某些對象的語言。易言之，使用語言及特定的「指出引用」(quotation)，發展出特定的方式或結構套用於討論對象，即為後設語言的呈現；符號學式的討論涉及後設語言，並關注以哪些方式套用在對象語言的討論。

　　以 "It is a good day." 這句話為例，說明對象語言與後設語言的區別及用法：這用於描述說話者自己的好心情的話語。"It is a good day." 為對象語言；然而，我們可以分辨這

個敘述句中主詞為 It、動詞為 is，在如是拆解英文文法的過程中，英文文法就是了解對象語言的「後設語言」系統。

　　「後設」，"Meta"，在許多英文字詞表述方式裡，時常置於單字前方：比如「隱喻」的英文單字為 "metaphor"。又如「形而上學」的英文單字為 "Metaphysics"，由 Physics 是物理學，前面加上 "meta-" 所形成的學科名稱；簡言之，物理學是解釋人類的物質現象，但超越描述物質物理現象的解釋或形成哲學觀點，就是形而上的後設語言，故形成這個學科名稱，**形而上學**。

　　今日，符號在生活情境當中隨處可見；以符號學方法認識符號物件、事件、現象，根基於後設語言使用的基礎上，符號學已被廣泛運用於跨文化語境、圖文整合性符號設計和跨領域的藝術創作之中，以下舉例說明之。

　　首先，在不同文化語言系統中，以人們的姓氏稱呼方式為例，說明「對象語言」和「後設語言」於不同文化脈絡中的運用。中華文化中姓名表述方式為「姓在名字之前」，如本書作者「蘇佩萱」即姓氏為蘇、名字為佩萱；若轉到歐美學術領域上，且必須立足於學術界共通認同的基礎上，以國際語言英文表述姓名為「佩萱蘇」(Pei-Hsuan Su)，將姓氏提到名字之後，或以加上逗點的「蘇，佩萱」(Su, Pei-Hsuan)，即形成一種後設語言的表示方式，讓歐美文化脈絡中慣以英文為國際共通語言之使用者，得能了解華人姓與名的區別。另外，就算同為西方的民族，不同的歐洲國家亦在不同的民族文化脈絡下具有互異的姓名表述方式，如西班牙

人的名字上習慣會加上受洗的教名和母親家族的姓氏,全名表述方式為:「父母給的名字‧受洗名‧父親家族的姓氏‧母親家族的姓氏」,也在當代國際共通語言系統中,民眾普遍轉成僅用父親家族的姓加上家族給的名字,這樣的簡稱稱名方式。此外,有些人選擇以特殊方式署名,例如將「詠晴」二字署為「言永日青」,亦屬於後設於原有語言符號之表現(表結-1)。

表結-1:對象語言、後設語言的應用案例

對象語言	後設語言
英文	英文文法
詠晴	"詠晴";言永日青
蘇佩萱	Pei-Hsuan Su or Su, Pei-Hsuan
設計	設計符號學

(本書作者製表)

再者,為因應新時代、新新人類生活內容,在當代產生新式的語言組合和語詞表現,組成新興的文化現象。譬如,後設挪用的手法被應用於當代藝術創作中,集結在 2009 年臺北當代藝術館所舉辦的【派樂地】大展,藉由大型的專題展示討論 "Parody"(英文語音直接中譯為「派樂地」)精神。它原是特殊的後現代主義之藝術模擬手法,又稱為「諧擬」手法,具有諧仿、詼諧、諷刺、搞笑、滑稽、甚至惡搞意味的異類創作趣味。就專業藝文評論者而言,"Parody arts" 是諧擬式藝術的專有術語,臺北當代藝術館則藉由 2009 年的

【派樂地】大型展演，開始產生「派樂地」這一語詞的說法，轉變為形容詞，描述「創意的惡搞、高段的無厘頭、刻意的白爛、有意義的瞎」等概念，並推廣「派樂地式」的創作：借助模仿、扮裝、拼貼等手段，巧妙地描述一種對象或暗諷某種對象。將視覺元素雜陳綜錯的「派樂地式」是一種「後設式」的藝術表現，讓創作者站在所謂的「對象語言」之上賦予新的意義，以創意的無厘頭惡搞、大肆運用當代的年輕人術語，共同描述臺灣新生代的派樂地精神。

進而，2011 年的臺灣社會中出現一個新語詞：「巴萊精神」；它源自於魏德聖導演、吳宇森監製的電影【賽德克‧巴萊】(Seediq Bale)，原始語意來自臺灣賽德克族群族語，「賽德克巴萊」描述「真正的人」這一個概念，因而「巴萊」表示為「真正的」意思。同年遠流出版社於 2 月及 8 月分別出版《導演巴萊》一書，即運用「巴萊」二字所代表為「真正的」意涵，於特定名詞後置放「巴萊」，形成一種後設語言表述用法，例如《導演巴萊》含有「真正的導演」這類加強語氣肯定性之語意（魏德聖，2011）。2011 年起在臺灣發生的「巴萊精神」等這些語詞創造，就是一個具有社會脈絡意義的當代語言溝通符號，將歸溯於賽德克族群族語、電影【賽德克‧巴萊】的「巴萊」影像文本內容，轉變成後設語言般具綜效式的符號現象，「巴萊」的語意可被轉用，甚至其語用情境可被流用到不同語意情境當中，形成在當代生活中語意之跨域。

　　除此之外，設計師進行物件的設計，運用符號學式的方法理解文本，製作設計物件，其就如同後設語言般，形成「設計符號學」式的創作表現。譬如，作者本身閑日多浸淫於宗教哲思中，並運用教職工作空檔進行亞洲特定地區視覺文化現象之調查研究，用符號學式的方法理解文化現象，以【八方雲蹤・十相自在】(2005)、【尋解】(2007)、【般若行】(2008) 等紀錄片，在影像創作上建構對《金剛經》、《六祖壇經》等禪理要義的詮釋，印證所開授「設計符號學」中影像創作與論述架構。因而，多年指導研究生以符號學解構文字內容、建構影像文本的方式，詮釋古典文學作品，進行影像創作表現，其中王博謙 (2008) 以【戲月】為題，三支動畫影片詮釋李煜〈相見歡〉、李清照〈一剪梅〉和蘇軾〈水調歌頭〉三闋詞；郭秉穟 (2010) 以平面圖像設計串聯成可動態翻閱的電子書詮釋蘇軾〈水龍吟〉；繼而，盧又榕 (2012) 以平面插畫之系列創作詮釋《楚辭》〈九歌〉。上述任何媒介形式的設計創作形成的影像表現，都是一套套後設語言，是一種人文哲思、文學與影像藝術結合的表現方式（表結 -2）。

表結 -2：以文學作品作視覺轉義的影像創作

對象語言	後設語言
文學釋義：《金剛經》	影像創作：蘇佩萱【八方雲蹤・十相自在】、【尋解】
文學釋義：《金剛經》、《六祖壇經》	影像創作：蘇佩萱【般若行】
文學釋義：李煜〈相見歡〉等詞	影像創作：王博謙【戲月】
文學釋義：蘇軾〈水龍吟〉	影像創作：郭秉穠【蘇軾〈水龍吟〉】
文學釋義：《楚辭》〈九歌〉	影像創作：盧又榕【九歌 @ 臺北城市新繹】

（本書作者製表）

二、符號意指的相互主觀性

　　符號學論「意義的賦予」，意義雖然透過觀者主觀的賦予，然而，由於以「共通可懂的、可溝通的基礎」為出發點，形成大家對某一表示彼此的意義可通性，亦稱為詮釋意義的「相互的主觀性」(intersubjectivity of meanings)（何秀煌，2003，頁 23）。因而，符號學詮釋並非作為邏輯學的證用，本不需客觀理式的基礎，而是站在實用性的角度，檢索社會與文化現象作務實性的例釋與詮釋。

　　換句話說，任何一個表現形式意義的賦予，對每個人而言都是私有 (private)、主觀的 (subjective)，無法證明對於同一表式而言，許多個人的、私有的主觀意義是否相等或相同；

然而，在描述一個相同的對象物時，若基於由語文表式推演的事項來觀察，個體彼此了解的意義具有相當程度共同可懂的基礎。這「可通性」是符號學詮釋的關鍵，人們以共通可懂的語言、文字為表現方式，推演出觀察結果，讓彼此私有的主觀意義可在共通理解的基礎上，產生相互主觀性意義。

「意義的相互主觀性」旨在產生一種語用的例釋 (pragmatic exemplification) 而非一種邏輯的證明 (logical proof)。以符號學式的研究而言，承認每個人皆主觀、私有賦予意義，然而，必須在共通可懂的社會和文化脈絡基礎上，讓越多數人能夠接受的意義詮釋，則符號學語用例釋的詮釋將越趨近於周全，逼近於真實，而非論及是非對錯等價值判斷；是而符號學的語用例釋不談絕對的客觀詮釋，甚而表示意義的賦予在下一個時空背景中可被推翻，或可被延伸性的改變，使能產生更靈活的、更切合於該時代人文藝術學科的論述。

舉例而言，以現代主義學理基礎，觀察並討論已逝大師的經典作品，認為回溯原創者原意才是客觀的研究結果發現；然而，「證明何者確實能回溯原創者之原意」本身就值得被質疑。後世人們對於古代、近現代經典作品的評論，應屬於用當代的語言說明過去的事件，據此形成詮釋，為「後設式」的選擇與推斷。在「後設式」評論狀態下，無法證明其絕對客觀性，顯現的是人們對於任何表現形式意義的賦予，皆來源自於主觀、私有之詮釋。然而，符號學式的瞭解是一種逼進的努力 (approximative efforts)，「瞭解」並非易事，觀者

亦非求追尋真理，因為每個時代對真理的理解將有所不同，真理是浮動的。符號學的研究並不著重於證明事理客觀性的存在，而是在某種程度之共通認同的基礎上，提出觀者的詮釋，並使其*趨*近於周全的現象探討，符號學式的研究歡迎多元、多義的詮釋，因為真正*趨*近於周全的詮釋，仍需要非常多的努力，來論述符號意指涵義：其一，不變性的意指本質；其二，符徵所具可變性的形式與內容。

符號學式研究，是為了瞭解人類文明所做的，非絕對主觀、亦非絕對客觀的認識，牽涉到人們相互間以主觀詮釋加以交流，建構出相對客觀的參考；其對於人類文明的建構理解，並不要求研究者或觀者「必須」回溯史實、或了解經典原創作者的原意，然而，其逼近於周全的詮釋，能夠幫助人們發現前所未見的事。符號學式對現象之意義賦予，是站在共通認同的基礎上談語用的釋例 (pragmatic exemplification)，這是在後現代主義場域中，所發展出討論人類文化現象的方式之一；許多無法由現有知識基礎作為認識依據的現象，反而需要更多超越性的解釋方式闡述人類文化現象。

2006 年由挪威 Toftenes Multivisjon a.s Oslo 製片、Terje Toftenes 導演所製作的【麥田圓圈：異度空間的末世解碼 - Crop Circles: crossover from another dimension】(圖結 -1)，可用以討論亙古至今對未知的「麥田圓圈」這多種神祕圖像符號現象之詮釋，如何成為人類語用的釋例，同時具其不變性的和可變性的符號意指涵義 (Toftenes, T., 2006)。有限的人

類文明對於仍如迷思般未知的麥田圓圈，並無「原意」可供
人回溯；影片中的來自不同領域的學者或研究者，各自基於
自己的學術專業，針對麥田圓圈的成因、造形做出討論，包
括：以地球與月亮的距離談論麥田圈的造形比例關係；或由
與英國上古時期巨石文明遺跡的內外圈比例關係對應觀察麥
田圈；或由古希臘的典籍裡面找到佐證資料，以黃金比例、
數理原則，將數字相乘等神聖數字密碼討論麥田圓圈中各個
構成要件之間幾何造形之結構和比例關係；或歸納二十世紀
九〇年代一段時間內觀察地球上各地普遍出現的「五個圓圈
一組、四個衛星圓圍繞著中心圓」(Timecode:01:36:13) 的幾
何造形比例原則進行闡釋；或從召喚人類靈性成長的角度，
藉由麥田圓圈現象，觀察人、地球、宇宙之間的心靈對應關
係等。這部影片中針對這一迷思，涵括歷史的、天文學的、
物理學的、生物學的、數理計算的、視覺圖形研究的和靈性
認知等多元歧義的詮釋。

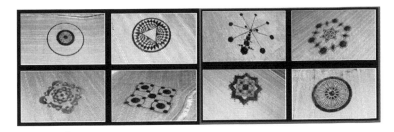

圖結 -1： 麥田圓圈剪影，2012年，盧又榕、高怡潤重新繪製。（參
考資料來源：T. Toftenes 導演，【麥田圓圈：異度空間
的末世解碼】，2006）

　　影片中所訪問之學者，單就解釋麥田圈形狀、形式設計，至少有八種不同詮釋。這種看來客觀論述或解釋的方式，還是由觀察者依其知識背景而成具選擇性的視點，進行形式的推算和論點的推斷，從而轉變為看似客觀的驗證、具科學性的推論。這種多元陳述意義之相互主觀性產生非絕對的主觀、武斷的或單一的論斷，即產生綜論麥田圈現象時相對的較周全的參考論述。

　　符號學站在「相對主觀」見「相對客觀」參考的理論基礎上，形成並非絕對客觀或絕對主觀的論點；觀者需確識到，符號學研究和論述不是隨意胡謅，因為意義的表述有其人為規創的特定脈絡、約定俗成，還需要站在人類共通認同的基礎之上，以「逼近式的努力」趨近於描述現象較周全的詮釋。

三、符號之歧義解讀

　　符號的意義是多義的，先經規創 (stipulation)，然後約定俗成 (convention)。符號解讀在不同觀者具有歧義 (ambiguity)，觀者需查看語詞了解「符號的脈絡意義」(contextual meaning)，例如「黃家小犬」一詞，可能代表黃家畜養的小狗或稱呼黃家少公子的自謙之語等多種意義；使用意義的混含 (vagueness) 表現出符號指涉應用的級距範圍 (range) 有多大、多寬廣。

　　符號學學者誠實面對人類理性認識本來就有所侷限的事實，全然不矯飾人們以主觀性的詮釋交互地談論符號現象；

依不同的觀者之視點的選擇，使人詮釋意義時，呈現出多種陳述觀點的表達方式。這樣的觀看實踐，尤其在無法接觸原作者原意時，觀看者常會依據一個約定俗成、共通認可的基礎，作出私有的主觀論斷，並希望使這種個人詮釋觀點能廣為他人認同，則可視之為「歧義解讀」之符號學詮釋。所以，二十世紀的九〇年代，不同學理背景的研究者，針對地球上麥田圓圈現象的成因，敘述多方觀點，進一步地被彙整在 2006 年由挪威 [麥田圓圈：異度空間的末世解碼 - Crop Circles: Crossover From Another Dimension]；影片中多義的詮釋內容讓人重新思考：依據索緒爾的語言符號學分析架構而言，即是從意指過程在討論「所指」為何當中，創造出最大自由度的「能指」空間，使藉由訊息傳播之媒介，提供偌大的想像空間給閱聽大眾再詮釋訊息。

上述所謂的「能指」，是指從其意指過程中創造最大自由度的符徵之表現空間，在特定論述立場與其假設前提之下，經由各種不同做法加以表現；影片中，人們對於「外星人創造的麥田圓圈 (crop circles)」這個現象（指涉物），創造出最大自由度的解釋路徑，至少有八種不同觀點，使其指涉意義創造出較充分的表現方式。當然這樣的觀點也可被延伸到探討藝術設計行為所帶給觀看者、消費使用者之影響。

有時，藝術與設計創作者在創造過程中，並不能全然釐清自己真正要表達的符指意義，應回到最大自由度的能指空間中重新省思，藉著因緣際會、多方啟發，在靈感發軔的狀態，開放所指範圍，並應當擴展出最大限度的能指路徑（表

達方式)；相對的，作品產生後，可能再受閱聽大眾觀賞中產生迴響的社會意義，使設計物件觀看者、消費使用者瞭解到，藉由符號學式的解讀，應盡可能地對任何設計物件的能指路徑進行辨識，勾勒得近於周全，不強說其所指意義，反而是透過辨認能掌握多少能指的方式來進行解讀。上述影片即有著如是內容的討論，雖然我們這樣的認識，恐怕會偏差於作者的原意或作者本身所設定的能指限度，但這種開放式的後設解讀，產生「延異」(différence)之歧義(ambiguity)，帶來開放論述的創發性空間，其相對於絕對主觀性的、相對的多元論述，在當代確具意義。

接下來以拍攝於美國麻省理工學院(Massachusetts Institute of Technology, 簡稱 MIT) 校園書店落地櫥窗上的一張形象海報設計為例說明 (圖結-2)：首先，影像中用具現代感般簡明的黑體字書寫標語文案 "IMAGINING MIT—Designing a Campus for the Twenty-First Century" (Afterword by Charles M. Vest) 即說明此設計者借海報意圖號召 MIT 師生以想像力、用具體行動來打造二十一世紀新校園文化。但如何觀看這張海報？事實上可以產生不同的視點、歧義的解讀，從中讓想像力飛昇。

對於主視覺影像之表現處理方式，觀者選擇不同的視點，即形成不同的觀看與理解的經驗，至少有三種：其一，觀者可將此海報視為是用電腦繪圖軟體修改圖像的視覺設計，其間將 MIT 校園內一棟以原色色塊裝飾窗框，代表荷蘭風格派影響下的現代主義校舍建築設計，為呈現其經典的幾

何造形語意，以高仰角特寫鏡頭，加以截景放大，安置在背景圖層；再將不規則孔洞鏤空的有機形式複合其上，產生有趣的、正為對比的視覺效果。

　　此外，觀者亦可視為是由一幅照片形成的主視覺，發現是由一個特定的角落，由側面仰角來拍攝 MIT 校園內這一棟代表二十世紀科技文明成就中主流精神的校舍建築，認為影像設計者 William J. Mitchell 取景時，已引導著觀看海報者從這棟大樓向前延伸的穿廊天花板上鏤空的有機造形孔洞間，仰視且透視背後那個主體建築；本身這個視點的呈現，具有並置現代性和後現代性（多元複合）的二重語意之「涵義」，產生觀者的洞視。

　　再者，若透過鏤空的孔洞造形語意來觀察，其中置於畫面右下方一隅，一個類似腳著帆布鞋、正離地向前行走一般，另外其它的圓形形成像一個個小水窪，和圓曲變形者像水的表面張力延展後產生的大水窪，可幫助觀者想像著這主視覺圖像，正引導我們像看著地面水中倒影，踩地映天，反視校園內經典建築；寓示著 MIT 的師生們在二十一世紀踩地踏實地向前行時，並能回顧著二十世紀人類的現代主義精神和科技文明成就所帶來豐碩的成果。

　　拍攝於 2010 年，照片中顯示一項在美國加州西海岸舊金山史丹佛大學 (Stanford University) 校園內具廣告目的之立體裝置 (圖結 -3)。這個立體設計物件，既具裝飾趣味，可視為是校園內的裝置藝術；同時也是一件具高注目性，吸引觀看的立體招牌。不同的觀看者在拆解其圖像、文字、造形、

色彩意象等視覺傳達設計元素，瞭解各元素間反應的設計語意，解讀其廣告宣傳目的時，可能所見視野及詮釋其意義，皆有差異。

從立體物件的造形設計表現看來，它由一個輪胎胎面形成的圓形看板和立柱為主體，延伸突出腳踏車體結構承軸和把手組成的支架，其上再高舉著雙輪風車。首先，置於戶外的這一個立體看板，以腳踏車車胎狀，用車體部分構成元件以代指「腳踏車」，另外再由看板上的「腳踏車」(全體)圖示，複合 "Rent a" 文字說明，來加強語意的表現方式，指出這裡是腳踏出租店這一主要語意，屬於以型態類似原則形成肖像式的圖像設計語意 (the iconic-semantic meaning)。

再就其置放場所與情境而言，觀者首先從遠距離即會看到像「青蛙騎腳踏車」般的設計物件被放置於校園當中，除表現出此視覺傳達設計具高視認性，形成明顯的校園地標外，亦具有諧擬式的 (parody) 趣味，以「青蛙騎腳踏車」這個創意點跟校園內的年輕學子做溝通，顯現充滿青春活力的校園文化現象，富有青春生命力的氣息。

另就其色彩意象而言，具有豐富色彩組合的風車 (比喻自行車輪)，在轉動時呈顯了騎乘的速度感，並帶給觀者鮮明而七彩融合的顏色觀感，彰顯西海岸艷陽下鮮艷明麗、充滿活潑朝氣的意象，視為外延義；此外，觀者可延伸想像，它正象徵著史丹佛大學內具多族群融合、多元文化發展的內涵寓意。由上述案例討論中，可以發覺觀看者基於自身論述立場和觀點的選擇，進行不同層面的理解，對於此照片中指

涉的同一個立體設計物件，即可呈現出多義性的詮釋結果，
匯歸成對史丹佛大學校園文化形象的總體性理解。

四、結語

　　綜論本書，談論觀者如何觀看文本、事件、現象等，說
明以符號學的方式辨識影像作品的意涵，詮釋影像符碼意
義，是另一種思考方式，可將觀影經驗轉向成為一種語碼的
檢視，建立創作者、文本與觀看者之間溝通的一套語言系統。
為此書寫形成本書中第一部分**影像符號論**：第一章至第三
章，引介歐陸論壇，從語言哲學家索緒爾延續到文藝批評家
羅蘭‧巴特，及電影評論者梅茲的論點，指陳出一種具傳達
與組織性的影像符號系統，所描述的對象同時包含現實世界
的物質狀態與精神世界的思考狀態。從觀看影像 (image) 上
的外形 (form) 與符碼 (codes) 時，身為一位訊息接收者，由
感官感知其表達形式和敘事結構後，再加以解讀文本的內容
(text/ content)，形成意指作用，賦予「涵義」。

　　另從後現代主義的知識場域中，以文化符碼形構的角度切
入影像設計研究，形成為本書中其他理論論述，思考觀者面
對「意識型態」的問題與被消費之中的「文化」問題時，如
何建構消費符號的視覺文化脈絡意義 (cultural context)，使
大眾參與一種文化符碼化的生產歷程，進行語意的再創造。
根據第四章中英國傳播學者霍爾的「解碼」論，我們瞭解到
觀者將與自身的歷史記憶與文化背景相融合，在「知識框

架」(frameworks of knowledge)、「科技基礎建設」(technical infrastructure) 和「生產關係」(relations of production) 三者互動之間，及所屬意識型態的影響下解讀影像，形成「意指」作用之認識，體會影像製碼者 (image producer) 所要傳達的影像語言內容 (編碼之符碼)，最後賦予其內涵意義。

上述這些章節內容，成為理解書中第二部份**符碼釋義的跨域實踐**：第六章至第九章，當代個案系列研究之方法學與背景知識基礎。

因此，我們了解我們所觀察到符號的意義是浮動的、多元化、混合的，使知識論述者從操縱人的理性與對優勢主流意識型態產生總體性 (totality) 的迷戀中覺醒，跨越「優勢霸權式」解讀，進入後現代意義浮動的多元化世界中，多以「協商式解讀」方式解碼。今日資訊傳播科技匯流、媒體文化的日益興盛更加助長這一現象，觀者已經在解讀符碼的過程中建構一個新的價值觀：不依附傳統的、固定的表達方式，而是以拼貼、折衷的表達形式出現，以動態的多樣化呈現意義本身。這將形成為一種主體自覺性的行動，允許觀者對事物或現象多重會意，且在後現代情境中歡迎後設解讀和歧義解讀，從中產生綜合性的問題，可誘使觀者反思既有的優勢霸權意識型態與文化所產生的包袱，從傳統中解放，建構新的觀點。

在此，觀者之反身性思考，成為在二十世紀末期發展出來一種觀看世界的重要方式，是後現代主義 (postmodernism) 的一環，因為它的跨域性、互文性參照和反身性 (reflexivity)，

標示出影像的輪廓 (Sturken & Cartwright, 2005)，有別於現代主義的世界觀以及處事方式。

　　以此論述立場，本書第二部份**符碼釋義的跨域實踐**：第六章至第九章，列舉一些當代個案，主要包含：班尼頓公司重要的商業廣告物 1988 年「哺乳篇」、2011 年「遏止仇恨篇」；由文學驚悚小說《達文西密碼》改編之同名電影文本【達文西密碼】(2006) 中討論「聖杯」的影段；2011「亞洲文創跨界創作展：董陽孜 X 亞洲海報設計」探討「妙法自然」主題意象之平面設計；2005 年故宮形象廣告影片 [花氣薰人帖] 與同年林強【驚蟄】專輯之製作對應；2012 年陳姵君 [蝶夢 · 夢蝶] 金工文創商品設計；2007-2008 年作者紀實性影像創作，包含【佛國旅跡見聞：般若行】(DVD)、[水，質與意·北美] 攝影系列作品等。在此以符號學式研究分析上述觀點「文本」，同時包含了「詮釋」指涉事物及社會現象的過程，並且對所包含的相關事件深入探索分析。觀察在當代流行文化生活經驗中，臺灣觀者熟悉、或可觸及的影像文本，除依符徵的拆解可做為分析影像「能指」，賦予影像文本中主題圖像與文字「所指」（意指）的方式加以討論，還針對視覺符碼元素之解讀取決於物件被誰觀看、如何被呈現與置放的媒體文本形式，加以討論意義如何組成，強調所謂的「後設溝通」(meta-communication)；其中，察覺觀者解讀影像符號時，在跨藝術領域、跨媒介或跨文化範疇上產生理解的差異，進一步使其符碼「轉義」，繼而興發有意味的語意之轉換。

圖結 -2：蘇佩萱（2007），美國麻省理工學院形象海報。攝影。
MIT(麻省理工學院), M. A., U. S. A.

圖結 -3： 蘇佩鈺（2010），美國加州舊金山史丹佛大學校內立體
設計物件。攝影。 Stanford University, C. A., U. S. A.

引用文獻

一、中文部分

專書

王受之（1997）。《世界現代設計》。臺北：藝術家。

王國強（譯）(2006)。《視覺研究導論：影像的思考》（原作者：G. Rose）。臺北市：群學。

王博謙（2008）。《符號學解析中國詩詞語境之數位影像設計創作─以李煜〈相見歡〉、蘇東坡〈水調歌頭〉、李清照〈一剪梅〉為例》。未出版之碩士論文。桃園縣：銘傳大學設計創作研究所。

尤傳莉（譯）(2004)。《達文西密碼》（原作者：D. Brown）。臺北市：時報文化。

何秀煌（2003）。《記號學導論》。臺北市：水牛出版社。

吳光明（1992）。《世界哲學家叢書：莊子》，版2。臺北市：東大圖書。

吳怡（1991）。《逍遙的莊子》，版3。臺北市：東大。

吳芝儀、李奉儒（譯）(1995)。《質的評鑑與研究》（原作者：M.Q. Patton）。臺北市：桂冠。

王瑋、黃克義（譯）(1993)。《電影製作手冊》。臺北：遠流。

李天鐸、謝慰雯（譯）（1997）。《電影與當代批評理論》（原作者：R. Lapsley & M. Westlake）。臺北：遠流。

李幼蒸（1997）。《理論符號學導讀－哲學符號學》。臺北：唐山出版社。

李昌頤（1983）。〈壇經思想的源流〉。《華岡佛學學報》，第 6 期，頁 453-476。臺北市：中華學術院佛學研究所。

李彥春、張同道、張健、封洪、梁紅艷（2002）。《影視藝術欣賞》。臺北市：五南。

佛陀教育基金會編（2001）。《金剛般若波羅蜜經、金剛般若波羅蜜經註、金剛般若波羅蜜經解義、六祖大師法寶壇經》。臺北市：佛陀教育基金會。

汪耀進、劉俐（譯）（2010）。《戀人絮語》（Fragments d' un discours amoureux）（原作者：R. Barthes）。臺北市：商周出版。

林品章（2003）。《臺灣近代視覺傳達設計的變遷：臺灣本土設計史研究》。臺北市：全華科技圖書股份有限公司。

林玫君（2005）。《羅伊‧李奇登斯坦 1961-1965 年連環畫之研究》。未出版之碩士論文。臺北市：國立臺灣師範大學美術學系碩士班。

武珊珊、王慧姬（譯）（2003）。《美感經驗——位人類學者眼中的視覺藝術》（原作者：J. Maquet）。臺北市：雄獅圖書。

查修傑（譯）(2006)。《未來在等待的人才》（原作者：D. H. Pink）。臺北：大塊文化。

洪凌（譯）(1998)。《擬仿物與擬像》（原作者：J. Baudrillard）。臺北市：時報。

張法（2004）。《美學導論》。臺北市：五南。

張淑君、劉藍玉、吳霈恩（譯）(2004)。《論藝術的本質：名家精選集》（原作者：T. E. Wartenberg）。臺北縣：五觀藝術管理出版社。

張寧（譯）(2004)。《書寫與差異》（原作者：J. Derrida）。臺北市：麥田出版社。

張紹勳（2001）。《研究方法》。臺北市：滄海書局。

張黎美（譯）(1997)。《電影符號學的新語彙》（原作者：R. Stam, R. Burgoyne, & S. Flitterman-Lewis）。臺北：遠流。

張健（2002）。《影視藝術導論》。臺北市：五南。

許綺玲（譯）(1997)。《明室 攝影札記》（原作者：R. Barthes）。臺北市：臺北攝影工作室。

許薔薔、許綺玲（譯）(1998)。《神話學》（原作者：R. Barthes）。臺北市：桂冠出版。

郭秉穆（2010）。《符號學解析宋詞之平面數位影像創作：以蘇東坡詞〈水龍吟〉為例》。未出版之碩士論文。桃園縣：銘傳大學設計創作研究所。

陳俊宏、楊東民（2004）。《視覺傳達設計概論》。臺北：全華圖書。

陳品秀（譯）（2009）。《觀看的實踐：給所有影像世代的視覺文化導論》（原作者：M. Sturken, & L. Cartwright）。臺北市：臉譜。

陳思聰（2007）。〈歷史研究法〉。《設計研究方法》。臺北：全華圖書，頁 35-51。

陳英偉（2000）。《假設性後現代主義的虛實》。臺北市：文史哲出版社。

陳雍正（2007）。〈文本分析法〉。《設計研究方法》。臺北：全華圖書，頁 75-84。

陳鼓應（1993）。《老莊新論》。臺北市：五南圖書。

陸揚（2002）。《大眾文化理論》。臺北：揚智文化。

陸蓉之（1990）。《後現代的藝術現象》。臺北市：藝術家出版。

_____（2003）。《「破」後現代的藝術現象》。臺北市：藝術家出版。

焦雄屏（譯）（2005）。《認識電影》（原作者：L. D. Giannetti），版 10。臺北市：遠流出版。

黃麗玲（譯）（2001）。〈「意識形態」的再發現–媒體研究中被壓抑者的重返〉（原作者：S. Hall）。載於唐維敏、程宗明、黃麗玲等（譯），《文化、社會與媒體：批判性觀

點》（73-122 頁）（原作者：M. Gurevitch, T. Bennett, & J. Curran），臺北市：遠流。

黃麗絹（譯）（1997）。《藝術開講（當代意念、運動與詞彙導引）》（原作者：R. Atkins）。臺北市：藝術家出版社。

楊裕富（2002）。《設計的文化基礎》。臺北：亞太圖書。

葉朗（1996）。《中國美學史》。臺北市：文津出版社。

董學文、王葵（譯）（1992）。《符號學原理》（原作者：R. Barthes）。臺北：商鼎文化。

董皇志（2007）。〈個案研究法〉。《設計研究方法》。臺北：全華圖書，頁 15-34。

廖新田（2008）。《臺灣美術四論：蠻荒／文明／自然／文化 . 認同／差異 . 純粹／雜混》。臺北市：典藏藝術家庭。

趙樹人（2000）。《設計攝影》。臺北市：全華。

慧能（1979）。《六祖壇經曹溪原本》。臺北市：華藏佛教視聽圖書館。

劉森堯（譯）（1996）。《電影語言：電影符號導論》（原作者：C. Metz）。臺北市：遠流出版。

＿＿＿＿（譯）（2002）。《羅蘭巴特論羅蘭巴特－鏡相自述》（原作者：R. Barthes）。臺北：桂冠圖書。

＿＿＿＿（譯）（2004）。《書寫與差異》（原作者：德希達）。臺北市：麥田出版社。

劉森堯、林志明（譯）（2012）。《羅蘭‧巴特論羅蘭‧巴特（全新修訂版）》（原作者：R. Barthes）。臺北市：麥田出版社。

劉豫（譯）（1992）。《文學結構主義》（原作者：羅伯特‧休斯）。桂冠新知叢書。

蔡宜剛（譯）（2005）。《次文化：風格的意義》（原作者：D. Hebdige）。臺北市：國立編譯館。

賴建都（2002）。《臺灣設計教育思潮與演進》。臺北市：龍溪出版。

錢穆（2004）。《論語新解》。臺北市：東大。

盧又榕（2012）。《「九歌@臺北城市新繹」─符號學解析《楚辭‧九歌》之插畫創作》。未出版之碩士論文。新北市：國立臺灣藝術大學視覺傳達設計學系碩士班。

（明）瞿汝稷，（清）聶先 集；謝銳 整理，李利安 主編（2004）。《正續指月錄》（全五冊）。中國：西北大學出版社。

魏德聖（2011）。《導演‧巴萊：特有種魏德聖的賽德克‧巴萊手記》。臺北市：遠流。

釋明本（2001）。《中峰禪師法語》。香港：香港佛經流通處。

蘇佩萱（2008a）。《飄風任運萬里行：蘇佩萱影像紀錄創作》。新北市：華梵大學覺之文化研究室。

＿＿＿＿＿＿（2008b）。《般若意境》。臺北：華梵大學覺之文化研究室暨華梵護持委員聯誼會。

蘇佩萱、梁家豪、黃健亮 等（2012）。《禪與藝》。新北市：
　　原泉出版社。

期刊論文

李振明（2008）。〈文人畫書法性制約的再議〉。《藝文薈粹》，
　　4，頁 2-11。

林品章（2011）。〈論設計的本質與範疇〉。《設計學研究特刊》，
　　頁 1-12。桃園縣：中原大學。

林榮泰、王銘顯（2008）。〈臺灣設計產業發展現況與願景之
　　探討〉。《藝術學報》，第四卷第一期（83 期），頁 49-69。

林榮泰、林伯賢（2009）。〈融合文化與美學促成文化創意設
　　計新興產業之探討〉。《藝術學報》，第五卷第二期（85
　　期），頁 81-105。

林榮泰（2011）。〈從服務創新思維探討感質體驗設計〉。《設
　　計學研究特刊》，頁 13-32。桃園縣：中原大學。

林珮淳、莊浩志（2002）。〈數位藝術美學之探討〉。《美育》，
　　第 130 期，2002 年 11 月，頁 62-72。臺北市：國立臺灣
　　藝術教育館。

林懷民（1976）。〈屬於我們的美學基礎〉。《雄獅美術》，61 期，
　　頁 11。

姚村雄、孫祖玉（2011）。〈設計文化的西風東漸〉。《設計學研究特刊》，頁 49-62。桃園縣：中原大學。

康台生、呂靜修（2007）。〈視覺、標誌符號與表徵〉。《設計研究學報》，創刊號，頁 78-89。

張白苓（2007）。〈淺談數位藝術創作之互動設計概念〉。《美育》，第 157 期，2007 年 5 月，頁 4-9。臺北市：國立臺灣藝術教育館。

張恬君（2003）。〈資訊時代的藝術哲思〉。《台灣美術》，第 52 期，2003 年 4 月，頁 4-11。臺中市：國立臺灣美術館。

楊夏蕙（1981）。〈美術設計回顧二十年〉。《設計界》，8 期。中華民國美術設計協會會刊。

楊惠南（2001）。〈《金剛經》的詮釋與流傳〉。《中華佛學學報》，第 14 期，頁 185-228。臺北市：中華學術院佛學研究所。

視聽媒體資料

中華電子佛典協會資料庫（CBETA）（2011）。CBETA 電子佛典集成光碟【電子媒體資料格式】。臺北市：CBETA 中華電子佛典協會。

吳宇森、張家振、黃志明（監製）、魏德聖（導演）（2011）。【賽德克‧巴萊（上）太陽旗】（DVD 影片）。中華民國：果子電影有限公司。

吳宇森、張家振、黃志明（監製）、魏德聖（導演）（2011）。
　　【賽德克‧巴萊（下）彩虹橋】（DVD 影片）。中華民國：
　　果子電影有限公司。

克里斯丁‧柯森（監制）、丹尼‧波爾（導演）（2008）。【貧
　　民百萬富翁】（DVD 影片）。美國：福斯探照燈影業。

克里斯‧卡特（製作人）、布萊恩‧斯賓塞（導演）（1993）。
　　【X 檔案】（電視單元劇）。美國：福斯電視網。

林強（2005）。【驚蟄】（音樂專輯）。臺灣：彗智數位影音
　　有限公司。

保羅‧湯瑪斯‧安德森（編劇、導演）（1999）。【心靈角落】
　　（DVD 影片）。US：New Line Cinema。

曼切維斯基（導演）（1994）。【暴雨將至】（VCD 影片）。
　　Republic of Macedonia , France & UK：Gramercy Pictures。

黃志明（監製）、魏德聖（導演）（2008）。【海角七號】（DVD
　　影片）。中華民國：果子電影有限公司。

喬‧蘇諾（製作人）、布萊恩‧斯賓塞（導演）（2001）。【24
　　小時反恐任務】（電視單元劇）。美國：福斯廣播公司（Fox
　　Network）。

薛聖棻（製作人）（2008）。【百萬小學堂】。中華民國：自
　　由製作事業有限公司。

蘇佩萱（製片、導演）（2005）。【八方雲蹤・十相自在-2004
　　年絲綢之路佛教藝術與歷史文化學術考察記實】（DVD
　　影片）。華梵大學覺之文化研究室出版發行。

＿＿＿＿（製片、導演）（2007）。【尋解：2006年印度佛國旅
　　跡見聞】(DVD影片)。華梵大學覺之文化研究室出版發行。

＿＿＿＿（製片、導演）（2008）。【華梵影音系列二：佛國旅
　　跡見聞一般若行】（DVD影片）。華梵大學覺之文化研
　　究室出版。

Howard, R. (Director). (2006). [The Da Vinci Code]（達文西密
　　碼）(DVD). CA: Columbia Pictures.

Toftenes, T. (Director). (2006). [Crop Circles: Crossover from
　　another dimension]（麥田圓圈：異度空間的末世解碼）
　　(DVD).Norway: Toftenes Multivisjon a.s Oslo。

電子媒體資料

吳靖雯（2012/12/29）。〈妙法自然　董陽孜獲亞洲設計獎〉。
　　取自 http://tw.news.yahoo.com/%E5%A6%99%E6%B3%95
　　%E8%87%AA%E7%84%B6-%E8%91%A3%E9%99%BD%
　　E5%AD%9C%E7%8D%B2%E4%BA%9E%E6%B4%B2%E
　　8%A8%AD%E8%A8%88%E7%8D%8E-213000056.html，
　　《旺報》藝文新聞。（2013/1/17瀏覽）。

徐嘉偉（譯）（2011 年 11 月 17 日）。[廣告合成教宗接吻
　　照 班尼頓撤廣告]，【中央社】官網。取自 http://news.
　　cts.com.tw/cna/international/201111/201111170870651.html
　　（2013/1/17 瀏覽）。

法新社（2011 年 11 月 18 日）。 *Leaders unite against Benetton's
　　'Unhate' ad campaign.* 取 自 http://www.theaustralian.com.
　　au/news/world/leaders-unite-against-benettons-unhate-ad-
　　campaign/story-e6frg6so-1226198608194#（2013/1/17 瀏覽）。

袁廣鳴（2008）。[映射中的回影]（Shadows of
　　Reflection）。多媒體影像。桃園：國立故宮博物院未
　　來博物館。取自 http://www.npm.gov.tw/exh97 /future_
　　museum/html/index33_ch.html（2013 年 1 月 20 日瀏覽）。

國立故宮博物院官網。取自 http://www.npm.edu.tw。（2011/11/10
　　瀏覽）。

＿＿＿＿＿（2011a）。認識故宮—大事記。取自 http://www.npm.
　　gov.tw/zh-tw/about/chronology.htm。（2011/11/10 瀏覽）。

＿＿＿＿＿（2011b）。認識故宮—傳承與延續。取自 http://www.
　　npm.gov.tw/zh-tw/about/tradition.htm#00。（2011/11/10 瀏覽）。

＿＿＿＿＿（2011c）。典藏資源—典藏精選—書法：宋黃庭堅
　　七言詩「花氣薰人帖」。取自 http://www. npm.edu.tw/zh-
　　tw/collection/selections_02.htm?docno=123&catno=17。（
　　2011/11/10 瀏覽）。

國立故宮博物院官網（2011d）。國立故宮博物院形象廣告「Old is New」（多媒體下載－影片類）。取自 http://www.npm. edu.tw/zh-tw/downloads.htm。（2011/11/10 瀏覽）。

陳純真（2002）。〈簡論蒙太奇（上）（下）〉。《夏潮人文電影學苑》。取自 http://www.xiachao.org.tw/i_page. asp?repno=439，http://www.xiachao.org.tw/i_page. asp?repno=441（2012/08/10 瀏覽）

陳俊良、劉小康（2011）。[「妙法自然：董陽孜 X 亞洲海報設計」展覽介紹]，【亞洲文創跨界創作展】官網。臺北市：亞洲文化藝術發展協會。取自 http://www.2011designexpo. com.tw/ExpoPlaza/content_exhibition.aspx?tid=2011062810 &id=2011070821（2013/1/17 瀏覽）。

二、英文部分

Althusser, L. (2004). Ideology and ideological state apparatuses. In Evan, J. & Hall, S. (Eds.), *Visual culture: the reader,* pp. 317-323.

Bal, M. (1998). Seeing signs - The use of semiotics for the understanding of visual art. In M. A. Cheetham, M.A. Holly & K. Moxey (Eds.), *The subjects of art history-historical object in contemporary perspective* (pp. 74-93). Cambridge etc. : Cambridge University Press.

Barthes, R. (1967). *Elements of Semiology* (Trans. by A. Lavers and C. Smith). New York: Hill and Wang.

_____ (1973). *Mythologies*. London: Paladin.

_____ (1977). *Image-Music-Text*. Glasgow: Fontana/Collins.

_____ (1977). Rhetoric of the Image. In *Image-Music-Text,* edited by S. Heath. New York: Hill and Wang. pp. 32-51.

_____ (2004). Myth today. In *Visual culture: the reader*, Evans, J. & Hall, S. (Eds.), pp. 51-58.

_____ (2004). Rhetoric of the image. In *Visual culture: the reader*, Evans, J. & Hall, S. (Eds.), pp. 33-40.

Benjamin, W. (2004). The work of art in the age of mechanical reproduction. In *Visual culture: the reader*, Evans, J. & Hall, S. (Eds.), pp. 72-79.

Cai, G. (2002). *Cai Guo-Qiang*. New York : Thames & Hudson.

Clark, J. (1998). *Modern Asia art*. Honolulu: University of Hawaii Press.

Clarke , D. (2000). *Modern Chinese art*. New York: Oxford University Press.

Evans, J. & Hall, S. (2004). *Visual culture: The reader*. London, UK: Sage.

Foucault, M. (1972). *The Archaeology of knowledge.* New York: Pantheon Books.

Hall, S. (1997). The work of representation. In S. Hall (Ed.), *Representation:Cultural representations and signifying practices.* (pp.13-63). London, California and New Delhi: SAGE.

He, J. (2011). *Ingenuity follows Nature.* Berlin, Germany: Hesign International.

Hartmann, S. (1904). A plea for straight photography. In *The Valiant Knights of Daguerre,* Edited by Harry W. Lawton and George Knox. Berkeley : University of California Press, 1978, pp.108-114.

Liu, J. T.C. & Tu, W. M. (Eds.). (1970). *Traditional China.* Englewood Cliffs, N.J.: Prentice-Hall.

Metz, C. (1974). *Film language.* New York: Oxford University Press.

_____ (1982). *The imaginary signifier: Psychoanalysis and the cinema.* Bloomington: Indiana University Press.

Patton, M. Q. (1990). *Qualitative evaluation and research methods.* Thousand Oaks, CA: Sage.

Ryan, A. (1993). Foucault's life and hard times. *New York Review of Books, XL*(7), 12-17.

Sartre, J. P. (1956). *Being and Nothingness.* New York: Philosophical Library Press.

Saussure, F. D. (1974). *Course in General Linguistics.* Glasgow: Fontana/Collins.

Sturken, M. & Cartwright, L. (2005). *Practices of looking: An introduction to visual culture.* New York: Oxford University Press.

Su, P. H. (2003). *Chinese literati ethos and art education.* State College, P.A.: The Pennsylvania State University Press.

_____ (2007). Study of semiotic reading of Buddhist culture in India today in regard of a cross-cultural perspective from Taiwan. Paper presented at Conference on *Taiwan Today.* Department of East Asian Studies, University of Delhi, Delhi, India.

_____ (2011). Dr. Joseph Chen-ying Yen's cross-cultural art practice reveals contemporary Chinese literati ethos. In《成大八十・人文風華:成大文學家國際學術研討會論文集》,台南:國立成功大學文學院,頁 203-224。

_____ (2013). The Digital Innovation of Appropriating Traditional Chinese Lyric Poems in Creative Design. *Applied Mechanics and Materials, Vol. 311,* 348-353.

Sullivan , M. (1989). *The meeting of Eastern and Western art.* Berkeley, CA : University of California Press.

Sontag, S. (1990). *On photography.* New York: Anchor Books.

_____ (2004). The image-world. In *Visual culture: the reader ,* Evans, J. & Hall, S. (Eds.), pp. 80-94.

Toren, C. (1991). Leonardo's 'Last Supper' in Fiji. In Susan Hiller(Ed.), *The myth of primitivism: Perspectives on art.* London and New York: Routledge.